1日5分

（小学校）

全員が
話したくなる！
聞きたくなる！

# トーク
# トレーニング
# 60

溝越勇太

［著］

東洋館出版社

# 苦手な子に寄り添う

筑波大学附属小学校　桂　聖
（一般社団法人　日本授業UD学会理事長）

「ぼく、いま、○○トークっていうのを考えています」
　ある時、溝越勇太先生がこんな話を切り出しました。桂は、以前から「フリートーク」という話し合い活動を提案していました。15分程度で行う全体の話し合い活動のトレーニングです。
　ただ、発表が苦手な子が、いきなり「フリートーク」をするのは難しい。溝越先生は、その土台としての「話す」「聞く」「話し合う」基礎的なトレーニングを考えている、というのです。
　私は、その話を聞いて「面白い！　それはぜひ本にしたいね！」と言いました。本書は、こんな会話から生まれました。
　本書の魅力は、何と言っても、これです。

## 発表が苦手な子に寄り添うことから生まれた楽しいトレーニング

「発表することが難しい」「友達の話を聞いていない」「話し合いが成立しない」など、どの教室でも悩んでいます。効果的な手立てがないのです。
　しかし、発表が苦手な子、発表に不安を感じている子に寄り添うことで、これまでにはない楽しい音声言語トレーニングが開発されました。どの教室でも使える活動ばかり。私も、自分の教室でやってみたいと思います。
　実を言うと、溝越先生は、私が教えた教育実習生の1人。実習前には「教師にならない」と決めていたようですが、実習を通して、一念発起。以後、「子どものために価値ある教師になる」ことを努力し続けてきた人です。
　著作家・俳優の中谷彰宏氏は、「したい人、10000人。始める人、100人。続ける人、1人。」とおっしゃいます。世の中には、やりたい人がたくさんいる。でも、実際にやる人は少ない。続ける人なんて、10000人に1人ぐらいだというわけです。
　溝越先生は、間違いなく「続ける人の1人」です。
　苦手な子どもたちから謙虚に学び続ける溝越先生。先生が本書で提案する楽しいトークトレーニングによって、日本の子どもたちの笑顔がたくさん増えていくと、私は確信しています。

# まえがき

　「話す力」「聞く力」「話し合う力」は、1日5分で、楽しくトレーニングできる。

　これは、目の前の子どもたちの成長の様子から、今私が確信していることです。

　平成17年9月。大学3年生のときの教育実習で、私は大きな衝撃を受けました。
　まだ小さい小学校1年生の子どもたちが、いきいきと活発に話し合う姿を見たからです。自分がイメージしていた小学生の姿や授業スタイルとは大きなギャップがありました。
　小学校1年生の説明文の授業でしたが、学生の私が聞いていてもおもしろいのです。子どもたちは、全員がだんだん前のめりになって身を乗り出し、天井に手が届きそうなほどぴんと手を挙げていました。

　「な、なんだこれは!!」

　指導教官は桂聖先生（筑波大学附属小学校教諭。当時は東京学芸大学附属小学校1年生の担任）。
　自分もいつかこんな授業がしたい。活発に話し合えるあたたかい学級をつくりたい。そう決心して教師を目指しました。

　しかし、教師になり、いざ自分で学級担任をしてみると……。

全くうまくいかず、悩んでばかりの毎日でした。楽しい授業とはほど遠く、一部の子が発言するだけで、多くの子を「お客さん」にさせてしまっていました。
　気付けば全員発表を「義務」にしたり、聞いていない子を注意したりしていました。教室はどんよりとした重たい雰囲気になっていたのです。

　休み時間にはあんなに楽しそうに大きな声を出して遊んでいた子が、どうして授業になると貝のように黙ってしまうのだろう。
　私は、その理由を給食の時間に子どもたちに尋ねてみました。
　人前で話すことが苦手な理由は、「間違いたくない」「自信がない」「話したって聞いてくれない」というものでした。不安が大きかったのです。

　そこで、**話すことへの抵抗感をなくすこと、あたたかく聞き合えるクラスの人間関係をつくる**ことが大切なのだと考えるようになりました。

　私は、子どもたちが自分の言葉でいきいきと語り、活発に話し合う学級をつくりたいと思いました。
　話型や形式に縛られず、笑顔で楽しく。自然に。

　自分の話をみんなが聞いてくれるという安心感は、「あたたかい人間関係」の土台となります。友達の考えを受けて自分の考えを深めたいという前向きな姿勢は、「全員参加の授業」の礎となるはずです。

　本書では、互いに学び合うための基礎となる「話す力」「聞く力」「話し合う力」を育むためのトークトレーニングをご紹介します。

溝越　勇太

もくじ

## [小学校] 全員が話したくなる！聞きたくなる！
## 1日5分 トークトレーニング60

1 苦手な子に寄り添う　筑波大学附属小学校 桂 聖

2 はじめに

---

### 第1章 クラス全員で聞く力・話す力・話し合う力を楽しく育む

### 第2章 トークトレーニング アイディア60

#### ●初級

| 頁 | | |
|---|---|---|
| 24 | アイディア 01 | ネームトーク |
| 26 | アイディア 02 | タイムトーク |
| 28 | アイディア 03 | チェックトーク |
| 30 | アイディア 04 | クチパクトーク |
| 32 | アイディア 05 | オウムトーク |
| 34 | アイディア 06 | 聖徳太子トーク |
| 36 | アイディア 07 | 連絡帳トーク |
| 38 | アイディア 08 | 上下左右トーク |
| 40 | アイディア 09 | マス目トーク |
| 42 | アイディア 10 | 絵本トーク |
| 44 | アイディア 11 | 一文トーク |
| 46 | アイディア 12 | 推理トーク |
| 48 | アイディア 13 | 全員〜トーク |

| 50 | アイディア 14 | メモトーク |
| --- | --- | --- |
| 52 | アイディア 15 | 三択トーク |
| 54 | アイディア 16 | お絵かきトーク |
| 56 | アイディア 17 | キーワードトーク |
| 58 | アイディア 18 | スマホトーク |
| 60 | アイディア 19 | 伝言トーク |
| 62 | アイディア 20 | たけのこトーク |

● 中級

| 64 | アイディア 21 | チェンジトーク |
| --- | --- | --- |
| 66 | アイディア 22 | タイトルトーク |
| 68 | アイディア 23 | ナンバートーク |
| 70 | アイディア 24 | しりとりトーク |
| 72 | アイディア 25 | アドバイストーク |
| 74 | アイディア 26 | 何人？トーク |
| 76 | アイディア 27 | 私は？トーク |
| 78 | アイディア 28 | ランキングトーク |
| 80 | アイディア 29 | 倍数トーク |
| 82 | アイディア 30 | 「じゃない」トーク |
| 84 | アイディア 31 | 以心伝心トーク |
| 86 | アイディア 32 | ５Ｗ１Ｈトーク |
| 88 | アイディア 33 | 数字トーク |
| 90 | アイディア 34 | 禁止トーク |
| 92 | アイディア 35 | さかさトーク |
| 94 | アイディア 36 | 並べ替えトーク |
| 96 | アイディア 37 | 背中・おでこトーク |
| 98 | アイディア 38 | 設定トーク |

| | | |
|---|---|---|
| 100 | アイディア 39 | 写真トーク |
| 102 | アイディア 40 | マークトーク |

## ●上級

| | | |
|---|---|---|
| 104 | アイディア 41 | 漢字トーク |
| 106 | アイディア 42 | すごろくトーク |
| 108 | アイディア 43 | ヒーロートーク |
| 110 | アイディア 44 | おすすめトーク |
| 112 | アイディア 45 | シャッフルトーク |
| 114 | アイディア 46 | アナウンサートーク |
| 116 | アイディア 47 | 作り話トーク |
| 118 | アイディア 48 | テクニックトーク |
| 120 | アイディア 49 | 記者トーク |
| 122 | アイディア 50 | カードトーク |
| 124 | アイディア 51 | サイコロトーク |
| 126 | アイディア 52 | お願いトーク |
| 128 | アイディア 53 | ごめんねトーク |
| 130 | アイディア 54 | サンキュートーク |
| 132 | アイディア 55 | チョークトーク |
| 134 | アイディア 56 | あべこべトーク |
| 136 | アイディア 57 | ドレミトーク |
| 138 | アイディア 58 | イメージトーク |
| 140 | アイディア 59 | yes but トーク |
| 142 | アイディア 60 | yes and トーク |

144 あとがき

第1章

# クラス全員で聞く力・話す力・話し合う力を楽しく育む

# 1 自分の言葉でいきいきと

Aちゃん　「先生、みんなで話し合いたいことがあるんだけど、朝の時間つかってもいい？」
教師　　　「どうぞどうぞ。10分で終わらせてね」
Bくん　　「オッケー。じゃあ司会はぼくがやるね」
Cちゃん　「書記は私たちに任せて！」
Bくん　　「これから、お楽しみ会についての話し合いを始めます」
全員　　　「イエーイ」（拍手）

ある日の朝のスタート。子どもたちはいきいきとした表情で話し合い活動を始める……
子どもたちが自分の言葉でいきいきと語り、活発に話し合う。これは、全ての教師の願いではないでしょうか。

でも、現実は厳しいものです。
どんなに教材研究をしようと、子どもたちが話すことに対する抵抗感をもっていれば、発表はできません。どんなに分かりやすい授業をしようと、クラスにあたたかく聞き合える人間関係ができていなければ、話し合いはできないでしょう。学習指導要領にある「主体的・対話的で深い学び」も、自分の言葉でいきいきと語り合うクラスでなければ難しいのです。

## 2 授業のユニバーサルデザインとトークトレーニング

　授業のユニバーサルデザイン（以下授業UD）という言葉を聞いたことがあるでしょうか。

　授業UDというのは、一言で言えば、授業に特別支援教育の視点を取り入れて、全員が楽しく「わかる・できる」授業をつくろう、というものです。

　では、全員が楽しく「わかる・できる」授業をつくるためには、どのようなことが必要でしょうか。

「教材研究をしっかりと行い、指導内容を焦点化する」
「楽しい授業になるよう、指導方法を工夫する」
「子どものつまずきを想定して、個別の配慮や個に特化した指導を考えておく」

　確かに、どれも、とても大切なことだと思います。
　しかし、それだけでは授業UDは成立しないように思います。
　私は、**全員が楽しく「わかる・できる」授業を下支えしているものは、学級の雰囲気である**と思います。また、「話す力」「聞く力」「話し合う力」がついていなければ、授業UDを実現するのは難しいと実感しています。

　大切なことは、どの子も「話したく」「聞きたく」「話し合いたく」なるようにする、ということです。
　話すことが苦手な子が少しでも声を出せたら、すかさずほめる。
　聞くことが難しい子が話を聞けている場面を見つけたら、みんなのお手本にする。
　話し合いに参加できない子がいたら、話し合い活動の前にいっしょに考えをまとめておく。

話し合い活動に参加しやすい状況は、教師が意図的につくります。
　少しずつ、着実に、みんなが心地よい学級の雰囲気をつくりながら、「話す力」「聞く力」「話し合う力」を育てていくことが大切だと思います。

## 3 　大人になっても役に立つスキルと自信を

「あいてをみて」「いいしせいで」「うなずきながら」「えがおで」「おわりまできく」。

　これは、小学校の教室でよく目にする「聞き方あいうえお」という掲示物。確かに人の話を聞くときには、どれも大切なことばかりだと思います。しかし、この5つを、全て、全員が、同じように行う姿を想像してみてください。
　ロボットや機械のように見えないでしょうか。私は、少し「不自然さ」を感じてしまいます。

　実は、「聞き方あいうえお」の他にも「話し方かきくけこ」というものもあります。さらに、チョキは賛成意見、グーは質問、三本指は反対意見などの「ハンドサイン」……。「はい」と返事をして、立って椅子を入れ、「話します」と言ってから話し始める。文末には「ます」「です」をつけ、「みなさんどうですか？」と質問をして、しまった椅子をもう一度出してから静かに座る……。
　はたして、10個以上のことを意識して、楽しく話し合い活動が行えるでしょうか。それは、本当に大人になってからも使えるスキルでしょうか。
　私は、子どもたちに、**自分の言葉でいきいきと語り合ってほしい**と思っています。話型や形式に縛られず、笑顔で楽しく、自然に。小学校でだけ使え

るテクニック（？）ではなく、**大人になっても役に立つスキルと自信を身に付けさせたい**と考えます。

## 4 ｜ 人前で話すことが苦手な子

　みなさんのクラスにいる、人前で話すことが苦手な子の顔を思い浮かべてみてください。

　背中は少し丸まって、小さくなっている。輝きのない目で、数分おきに時計を見ながら授業の終わりを待っている。挙手することが求められれば、先生と目が合わないように下を向き、誰かが指名された後に、さっと手を挙げた「ふり」をする……。

　休み時間はあんなにキラキラした目で、大声で鬼ごっこをやっていたAくんが。給食時間は友達とのおしゃべりが止まらなかった笑顔の素敵なBちゃんが。

　どうして、AくんやBちゃんは、話すことが苦手なのでしょうか。

　一言で言うと、「不安」なのだと思います。「間違ったらいやだな……」「自信がないな……」「話したって聞いてもらえないし……」「笑われたらどうしよう……」

　私は、AくんやBちゃんの気持ちがよくわかります。なぜなら、私自身が、人前で話すことがとっても「苦手だった」からです。

　私は、研究会や学会などの関係で、講演や飛び込み授業をする機会をいただくことがあります。今でもはっきり覚えていますが、初めて勤務地である東京都外の学校へ行って話をする日、校長室で担当の先生に資料を渡す手が、恥ずかしいほど震えていました。60分間話をしただけなのに、運動をした後のように背中は汗びっしょり。

　「苦手だった」と書いたのは、今は得意になった、というわけではありま

せん。人前で話す機会が多くなったことで、苦手意識がだんだんなくなってきた、少し慣れてきた、といった感じです。私は、人前で話すことが「苦手だ」と自分で思い込んでいたのだと思います。人前で話すという経験が少なく、不安が強かったのです。

　話すことの苦手意識をなくす一番良い方法は、**「人前で話す経験」を重ね**ることです。
　授業で「話すことが苦手な子」の多くは、「苦手意識がある子」「苦手だと思い込んでいる子」です。人前で話した経験が少なく、不安が大きい子かもしれません。

　人前で話すことが「できた」という経験をたくさん蓄積していく。せっかくなら楽しく、話し方が「わかる」ように。いい人間関係を築きながら。
　それをクラスで実現するために、本書で提案するのが**「トークトレーニング」**です。

## 5　1日5分で話す力・聞く力・話し合う力を育む

　話すことが苦手な子、聞くことが難しい子、話し合いに参加できない子は、どのクラスにも必ずいます。そういう子たちが、あっという間に話せる、聞ける、話し合えるようになる、という魔法はありません。
　しかし、「話す力」「聞く力」「話し合う力」は、毎日のちょっとした時間で楽しくトレーニングすることができます。1日5分×2週間もあれば、確実に子どもたちの変化がわかるはずです。1学期間取り組めば、劇的に変わります。1年後には、子どもたちだけで感動するような話し合いができるようになるでしょう。

例えば、本書に所収のアイディア３**「チェックトーク」**を例に、このトレーニングの例をご紹介しましょう。
　ある学期はじめの朝の時間。子どもたちに次のように伝えます。

「先生に名前を呼ばれたら、さわやかに返事をしてね。そして、先生に好きな食べ物を１つ教えてね」

「えっ？　食べ物？」と、不思議そうな顔をしている子がいます。
「はい、元気です。じゃないの？」と、ツッコミを入れてくる子もいます。
　そうです。子どもたちは朝の時間には健康観察が当たり前になっているのです。その当たり前を少し変えるだけでも、子どもたちは少しワクワクします。そして次のように言います。

「じゃあ、全員立ちましょう。となりの子に好きな食べ物が言えたら座りましょう」

　いきなり名前を呼んで始めてしまうと、必ず、まだ好きな食べ物が決まっていないという子がいます。自分の番になっても言えずに恥ずかしい思いをしてしまう子が出てしまいます。ですからまずは、全員が考える時間を確保します。
　全員好きな食べ物が決められたら、いよいよスタートです。

　　教師　　　「Ａくん！」
　　Ａくん　　「はい、リンゴ！」
　　教師　　　「おお、いい返事だねぇ。Ｂちゃん！」
　　Ｂちゃん　「はい、チョコレート！」
　　教師　　　「おっ、さわやかな返事！Ｃちゃん！」
　　Ｃくん　　「はい、でっかいでっかいステーキ！（笑）」

　　　　　（子どもたち笑う）
　教師　　「なんじゃそりゃ（笑）ステーキおいしいよね。Dちゃん！」
　　　　　……

　このように全員の名前を呼んでいきます。
　「いい返事だねえ」「さわやかな返事！」「なんじゃそりゃ（笑）」など、短い言葉でコメントを入れるのがミソです。テンポよく笑顔で行えば、朝から楽しい雰囲気になります。
　返事を「元気に」ではなく、「さわやかに」としているのには理由があります。それは、先生に「元気に返事をしてね」と言われると、大きい声が出せない子は、プレッシャーを感じてしまうからです。「さわやかに」であれば、小さい声しか出せない子でも大丈夫。さわやかさを褒めることができます。
　はじめは小さい声でも構わないのです。あたたかい人間関係ができて、話すことに慣れてくれば、自然と声は大きくなってくるからです。
　そして、次のように話します。

「全員好きな食べ物が言えましたね。すばらしい。いいクラスだなあ。では、**クイズだよ。チョコレートが好きって言った子はだれでしょう？**」

　子どもたちは、きょとんとした顔をしています。
　「ええ、先生ずるいよ。クイズやるなんて聞いてないもん」と、不満そうな子もいます。
　この「チェックトーク」を行うと、初めはほとんどの子が友達の発言を繰り返すことができません。子どもたちは聞いているようで聞いていないのです。しかし、中には必ず、数名聞いている子がいます。手を挙げているその子を指名します。

　Dちゃん　「チョコレートが好きなのは確か……Bちゃん！」
　教師　　「おおすごいなあ、よく聞いていたね。天才！　拍手〜」
　（子どもたちはみんな「おお！」と驚いて拍手をする）

「ああ、そうだそうだ、Bちゃんだ！」と思い出す子がいます。
「Dちゃんすごい！」とほめてくれる子もいます。

　教師　　「友達の話をしっかり聞いているDちゃん、すばらしい！そのすばらしいDちゃんに拍手ができるみんなも花丸です。おとなりの人に拍手〜」（全員笑顔で拍手）

　教師　　「じゃあ、第二問。でっかいでっかいステーキが好きな……」
　子どもたち　「はい」「はい」「はい」「わかったわかった！」

（たくさんの子の手が挙がる）

　このように、朝の少しの時間を使ってチェックトークを行います。「聞きなさい」「静かにしなさい」という指導の代わりに、**聞いていたら活躍できる、みんなから認められる、という状況**をつくるのです。
　私達教師が陥りがちな状況ですが、子どもになにかをして欲しい、振る舞って欲しい時に「○○しなさい」と指示する直接指導が中心になってしまいます。そうではなく、「みんなの話を聞いておこう」と思わせるような、間接指導をここでは行っていることになります。

　このチェックトークを繰り返し行っていくと、友達の話をしっかり聞くようになります。ただ聞くのと、意識をして聞くのとは、全然違うのです。さらに、授業の中でも「さっきAくんが○○って言っていたんだけど…」「Bちゃんの△△って話もわかるんだけど…」など、友達の発言と関連させて自分の意見を話せるようになります。
　「Cちゃんが言ったことをもう一度話してごらん」と友達の発言を再話させても、バッチリできるようになってきます。

　このような**トークトレーニングは、短い時間で楽しく行うことができます**。毎日行うことで、話すことや聞くことへの抵抗感が小さくなり、自信もついてきます。難易度を上げて行えば、話し合い活動も活発に行えるようになります。
　しかし、同じトレーニングばかりを繰り返すとマンネリ化します。子どもたちが飽きてしまうのです。トークトレーニングは、遊んでいる感覚で、楽しく「続ける」ことが大切なので、**活動にはバリエーションが必要**です。
　本書では、私がこれまでにクラスの子どもたちと一緒につくった60のトークトレーニングをご紹介していきます。

# 6 | 3つのポイントと3つの約束

　全員が楽しく「わかる・できる」話し合い活動になるよう、以下の3つのポイント・3つの約束でトークトレーニングを工夫しています。

## ポイント❶　スモールステップ化

　「話し合い」というのは、大人でも簡単なことではないはずです。
　教師になったばかりの1年目の、職員会議を思い出してみてください。
　「『先生方いかがでしょうか』って聞かれても、何をどう話せばいいの？『ご意見、ご質問がある方は？』って言われても……」。きっと、そう思っていたはずです。
　大人でもこんな状態なのですから、小学生にいきなり難しい話し合い活動をさせようとするのは、かなり酷なことなのです。手を挙げて活躍するのがいつも同じ子になってしまうのは、当然かもしれません。活躍する子が固定するということは、言い換えると、活躍しない子も固定するということです。「今日もできなかった」という体験を蓄積してしまうと、不安はますます大きくなるはずです。
　ですからトークトレーニングで、少しずつであっても「今日も話せた」「友達の話を聞けた」「今日もまた話し合えた」という、**「できた」の体験を蓄積**させていきます。難易度をスモールステップで少しずつ上げていき、「できた」の体験を蓄積していく。そしていつの間にか話し合いが得意になっている。話し合う力を系統的に、段階的に指導したいと考えます。
　本書では、トークトレーニングを初級、中級、上級に分けて掲載しています。学級の実態に合わせて活用していただければ幸いです。

## ポイント❷　ゲーム化

　話し合い活動ができるような土台をつくるには、話し方や聞き方の指導、クラスの人間関係づくりなど、ある程度の時間がかかります。トークトレーニングが難しくて退屈なものだと、子どもも教師も続けるのが苦痛になってしまいます。

　ゲーム化することで、ペアで話し合ったり、グループで協力したりする場面を**自然に、楽しくつくる**ことができます。子どもたちは、ゲームが大好きです。「好きこそものの上手なれ」ということわざもあるように、**トークトレーニングをする時間は楽しい時間、好きな時間**、と子どもたちが感じるようにしたいです。遊んでいる感覚で、楽しく「続ける」ことが大切です。

## ポイント❸　共有化

　話し方や聞き方、話し合いの仕方は、**一度にたくさん指導せずに、少しずつ共有化**していきます。

　話し方・聞き方、話し合い方は、スキルです。スキルが身につけば、確実に話し合い活動は上達します。ただし、スキルが必要であるからといって、スキルや話型ありきで指導してしまうと、話し合い活動が固く、形式的なものになりがちです。

　しかも、必要感もないまま、ただ教わっただけのものは定着しにくいものです。子どもたちが話し方や聞き方、話し合い方のよさを実感し、**「自分たちで気付いた」「自分たちで発見した」「自分たちでつくった」**ものにしてい

くことが大切です。

　話し合い活動を行った後に、友達の話し方・聞き方のよさを振り返ったり、教師が価値づけたりするなどして、少しずつクラスの共有財産を増やしていく、というイメージを心がけ、子どもたちが実感できるようにしていきましょう。

## 約束❶　目・耳・心で聴く

　これは、**話す相手を見て、反応しながら聞こう**、ということです。

　私たち教師は、一年間に何回くらい聞き方の指導をするのでしょうか。何百回、いや何千回としているかもしれません。それくらい、子どもたちは話を「聞く」ということに困難さがあるのだと思います。

　人は、自分の話に興味がなさそうな人の前では、話しにくいものです。話す人の方を見て聞き、反応をする、そういうクラスの雰囲気が大切だと思います。「目・耳・心で聴く」ことを意識させ、それができている場面はどんどん褒めて、価値付けるようにします。

## 約束❷　ぴーん

　これは、**手を真っ直ぐにぴーんと挙げよう**、ということです。

　子どもたちには、「肘が曲がった手の挙げ方は、手を挙げるとはいいません。それは、手を曲げる、というんだよ」と笑顔で伝えます。そして、「手は上に挙げるか、前に挙げるかだよ。横に挙げるととなりのお友達にささるから、横はいけませんよ」と冗談を交えて伝えます。そうすると、子どもたちはおもしろがって横の友達に向かって手を伸ばし、自然と笑いが起きます。

　手をぴーんと挙げる、ただそれだけなのですが、子どもたちは手を挙げることを楽しんで行うようになります。

手をぴーんと挙げるということを約束にしておくと、もう一ついいことがあります。それは、手の挙げ方が子どもたちの自信のバロメーターになっている、ということです。

授業時間に「手を曲げる」状態の子をみると、充分な理解に至っていないことが往々

にしてあります。手の状態をみることで、そういった個々子どもの見とりに役立ちますし、そういった自信のなさそうな子が何につまずいているかを確かめることにつなげることができます。さらには、クラスのつまずきの現状を理解することで、学びの状況をそろえ、さらには全員の深い学びにつなげることもできるのです。

## 約束❸ 「イエーイ」

これは、話し合い活動を行う前には、**「イエーイ」(拍手)で盛り上げよう**、ということです。

「これから、○○トークを始めます!」
「イエーイ」(拍手)

といった感じです。「イエーイ」(拍手)をすることで、話し合い活動をするのだという心構えができ、しかも楽しい雰囲気で話し合い活動が始められます。

３つの約束と書きましたが、一番重要なのは、聞く態度に直結する①の約束です。
　極端に言えば、私は①の「目・耳・心で聴く」だけでもよいと思っています。ただ、「目・耳・心で聴く」ということは、一度指導したからできる、というような簡単なことではありません。高学年であっても、何度でも繰り返し確認したいことです。①の「目・耳・心で聴く」だけだと、「いかにも約束」「ザ・きまり」のような感じがしてしまうので、何度も確認するには少しかたいように思います。ですので、３つのうち、２つを楽しい約束にしておくことで、いつでも確認できるようにしています。

教師　　「さあ、話し合い活動の３つの約束が言えるかな？」
子ども　「目と耳と心で聴く、です」
教師　　「すばらしい。では２つ目は？　おお、もうすでにやっている人がいますよ」
　　　　（子どもたちはぴーんと手を挙げる）
教師　　「では、３つ目は？　みんなで言えるかな？　せーの！」
子ども　「イエーイ！」（拍手）
教師　　「はい、それでははじめましょう」

というように確認しています。

# 7 | 目の前の子どもたちに合わせる

　本書で掲載されている60のアイディアは初級〜上級に分かれています。
　アイディアによっては、いきなり取り組むことが難しいものもあるでしょう。子どもたちの学年、状態に応じて、「このアイディアなら楽しめそう」「このアイディアはちょっと難しいかもしれないけれど、挑戦させてみたい」など考えて、取り組んでいただければと思います。

なんと言っても大事なのは、子どもたちが「楽しく」「抵抗感なく」話すことができ、そして友だちの話を聞きたいと思うような活動にすることです。そのことを意識してトークトレーニングを続ければ、トークが盛り上がるだけでなく、いつの間にか「積極的に話ができ、相手の話を尊重して聞けるクラス」へと変わっていくことでしょう。
　本書のトークトレーニングを通して、子どもたちと楽しみながらクラスづくりを行ってみてください。

# 第2章

## トークトレーニング
## アイディア60

全員が話したくなる！ 聞きたくなる！
トークトレーニング60

## アイディア 01

人前で声を出す練習をする
# ネームトーク

初級

[場面] 朝の時間

教師の呼名に「はい！」と返事をする活動を通して、人前で声を出す練習をします。また、返事の後に一言（好きな食べ物など）を付け加えて、人前で声を出すことに慣れさせます。

❶ 教師が一人ずつ子どもの名前を呼びます。
❷ 子どもは「はい！」（さわやかに）と答えます。

❸ 慣れてきたら「はい」のあとに一言（好きな食べ物など）を言います。

### 👉 P·O·I·N·T

＊まずは、「人前で声を出せた」という体験を蓄積しましょう。「今日も返事ができた！」「また話せた！」という事実が自信になります。

＊返事は「大きな声で」「元気よく」ではなく、「さわやかに」。初めは自信がなく声が小さくなってしまう子もいるので、「さわやかさ」をほめながら安心して声が出せる雰囲気をつくるようにしましょう。

＊返事に慣れてきたら、返事の後に「好きな食べ物」「好きな遊び」「おすすめのお菓子」など、一言付け加えさせるようにします。

＊返事を「はい」ではなく「ほい」「へい」にしたり、「さわやかに」ではなく「高い声で」「ハッピーに」などアレンジをすると盛り上がります。

**アイディア 02**

時間内に「みんなでできた」を味わわせる
# タイムトーク

[場面] 朝の時間

> 全員が一言ずつ発言する活動に時間制限を設けることで、全員で「できた」「話せた」という一体感を味わえるようにします。「全員が発言する」ということを「当たり前」にしていきます。

❶ 「3分以内に全員が発言する」ことを伝え、タイマーをセットします。
❷ 子どもは教師の呼名に「はい！」と返事をし、「好きな動物」などを答えていきます。

❸ 慣れてきたら、制限時間を短くしたり、発言した子が次の友達を呼名したりすると盛り上がります。

## 👉 P·O·I·N·T

＊時間制限を設けることで、素早く答えなければならなくなります。全員が発言するということを楽しく「当たり前」にしましょう。

＊全員が時間内に発言できると、「やった～」という声や拍手が自然に起こり、「みんなでできた」という一体感や達成感が味わえます。

＊慣れてきたら、制限時間を短くしたり、中が見えない缶にタイマーをセットして入れて発言する子に回したりすると「ドキドキ感」がアップします。

＊教師が始めの子だけ名前を呼び、その子が次の子の名前を呼ぶなどしてバリエーションをつけると盛り上がります。

## アイディア 03

友達の話を聴く力をつける
# チェックトーク

[場面] 朝の時間 ｜ 隙間時間

> 好きなものなど発表する楽しい活動を通して、話を聞いて理解しようとする態度を自然と育むことにつなげます。また、後半でクイズを出し、ゲーム性を高めてより熱心に聞くようにはたきかけます。

❶ 教師が一人ずつ子どもの名前を呼びます。
❷ 子どもは「はい」(さわやかに)と返事をして、好きな遊びを言います。

❸ 全員が終わったら、「○○が好きなのは誰でしょう？」と、子どもの発言からクイズを出します。

### 👉 P·O·I·N·T

＊まわりが聴いてくれるからこそ、子どもは安心して話すことができます。まずは、クラス全体で聞く態度を養いましょう。

＊クイズに答えさせる際は、「○○くんが言ったことをもう一度言ってごらん？」「○○と言ったのは？」と友達の発言を再話させましょう。

＊「班の友達が言ったことを全部言えたら座ろう」とすると、全員が発言できます。

＊「聞いていたこと」をほめます。「話を聞きなさい」「静かにしなさい」という指導ではなく、聞いていたら活躍できた、みんなに認められたという体験をさせましょう。

## アイディア 04

話す人の方を見て話を聞く
# クチパクトーク

[場面] 学年・学期始め ｜ 朝の時間

> 声を出さずに言った言葉を当てる活動を通して、話す人の口の動きを見て聞く練習をします。口の動きでも話を聞き取ろうとするクラスになると、声が小さい子も安心して話すことができます。

❶ 代表の子が声を出さずにクチパクで言葉を言います。
❷ 聞いている子は口の動きを見てなんと言ったのかをあてます。

❸ クイズが終わったら、「口の動きでも聞けるなんてすごいね」「話す人をしっかり見て聞けるいいクラスだね」とほめます。

### 👉 P·O·I·N·T

* 代表の子がクチパクで言った内容をクイズにして、みんなでなんと言ったのかを考えます。単語→文と少しずつ難易度を上げていきましょう。
* 振り返りでは、口の動きでも聞けたことをほめ、「目で聞く」大切さや友達の発言を聞き返す時の約束を確認します。
* 声が小さい子は「聞こえない！」や「大きい声で」などと強く言われると、ますます自信がなくなり声が出なくなってしまいます。
* 教師も子どもの声が聞き取れなかったときは、「ごめんね、先生が目で聞けなかったね。もう一度言ってくれる？」と優しく言いましょう。

## アイディア 05

再話する力をつける
# オウムトーク

[場面] 朝の時間

教師の言った言葉を同じように繰り返して言う活動を通して、再話する練習をします。先生や友達の発言を再話できる力は、授業の中でとても重要です。

❶ 教師がものの名前を1つ言い（例「キャベツ」）、子どもたちは、聞こえたとおりに（オウム返しで）その言葉を繰り返します。
❷ 1回目に言った言葉に1つずつ増やしていき、5回繰り返します。
「キャベツ　ジャンプ」→「キャベツ　ジャンプ　白」……

❸ 慣れてきたら、単語の数を増やしたり、スピードや声の調子を変えて同じように行います。

## 👉 P·O·I·N·T

＊友達の発言を繰り返して言うのは、意外と難しいものです。まずは、教師が言った言葉を繰り返すというシンプルな活動で再話する練習をします。

＊テンポ良く元気に行うのがポイントです。増やしていく言葉は、生き物、食べ物、色など関連性がないものを選ぶようにします。

＊慣れてきたら、言葉をいきなり３つ言ったり、文にしたりして難易度を上げていきます。声の調子を変えたり、緩急をつけたりしても盛り上がります。

＊全員ではなく、「男子だけで」「１班だけで」など、繰り返して言う人数を減らしてもドキドキ感がアップして盛り上がります。

### アイディア 06

話す人の方を見て話を聞く
# 聖徳太子トーク

初級

[場面] 学年・学期始め ｜ 朝の時間

> 数名が同時に話した言葉を当てる活動を通して、声だけでなく話す人の口の動きを見て聞く練習をします。相手を見てしっかり話を聞くクラスになると、声が小さい子も安心して話すことができます。

❶ 代表の子5名が同時に「好きな果物」（例）を言います。
❷ 聞いている子は声や口の動きをヒントに、誰がなんと言ったのかを当てます。3回挑戦させます。

❸ 慣れてきたら、単語の数を増やしたり、スピードや声の調子を変えて同じように行います。

## 👉 P·O·I·N·T

＊振り返りでは、口の動きでも聞けたことをほめ、「目で聞く」大切さや友達の発言を聞き返す時の約束を確認します。

＊代表の子は、みんなにわかってもらおうと、口を大きく開けてはっきり発音するようになります。

＊違うジャンルのものを言った子を当てるほかに、同じ言葉を言った子を当てる、前に立つ人数を増やすなどして、難易度を上げるともっと盛り上がります。

# アイディア 07

聞き取った内容をメモする力をつける
## 連絡帳トーク

[場面] 帰りの会

教師の話した内容を連絡帳に正確に書く活動を通して、要点をメモする力をつけます。聴いて写す（聴写）ことは難しいですが、連絡帳は毎日書くため、少しずつできるようになります。

❶ 次の日の時間割や持ち物を教師がゆっくり言います。
❷ 子どもは教師の話す内容を連絡帳にメモします。

❸ 一度で書き写せた子にもう一度読ませたり、隣同士で確認させたりして、全員が書けているようにします。

## P・O・I・N・T

＊連絡帳に書く内容をメモするだけですが、一度で書き写すのは難しい子もいます。ゆっくり読んだり、書けた子に読ませたりするなど配慮が必要です。

＊全員が書けるよう、ペアやグループで確認させるとよいでしょう。聴写が苦手な子もいるので、最後に教師も黒板に書いて視覚化します。

＊慣れてきたら、早く連絡を言ったり、全部聞いてから連絡帳を書くとしたりすると難易度が上がり、盛り上がります。

＊毎日聴写をやると負担が大きい子もいるので、たまにやる、楽しくやる、ということをこころがけるのがポイントです。

## アイディア 08

聞きながら作業する力をつける
# 上下左右トーク

[場面] 朝の時間 ｜ 授業冒頭

教師の「上下左右」の指示に合わせて、ノートのマス目を指で押さえる活動を通して、聞きながら作業する練習をします。上下左右を東西南北に変えれば、方位の学習の定着にもなります。

❶ ノートのマス目のスタート位置を決め、教師が「上下左右」を1つずつ10回指示します。
❷ 子どもたちはノートのマス目を指示に合わせて押さえていき、最後に押さえている場所を隣の子と確認します。

❸ 慣れてきたら、「上下左右」を「東西南北」に変えて行います。

### ☞ P·O·I·N·T

＊ノートのマス目を利用すれば準備がいりません。スタートの位置だけみんなで確認をしてから始めましょう。

＊上下左右をゆっくり言うようにしましょう。指で押さえるか、実際に消しゴムなどを動かしながらやってもよいでしょう。

＊学年によって、「東西南北」のほか、外国語で行うなども考えられます。また、1→上、2→右など、ルールを複雑にすると難易度が上がります。

＊子どもたちの答えにばらつきがある場合には、もう一度同じように「上下左右」を指示し、確認するようにしましょう。

# アイディア 09

正確に聞き取り、正確に伝える練習をする
## マス目トーク

[場面] 朝の時間 ｜ 帰りの会

> 言われたとおりにマス目に記号を書く活動を通して、正確に聞き取る練習をします。記号を言う子は、正確に伝わるように言葉を考えたり、話すスピードを調整したりするようになります。

❶ 縦3×横3マスのマスに3つの記号（○△□）を書いた紙を、代表の子にだけ渡します。
❷ 代表の子は、その紙を見ながら30秒で記号と場所を説明し、みんなは、ノートのマスに言われたとおりに記号を書いていきます。

❸ ペアで答えを見せ合い、最後に答えあわせをします。

## P·O·I·N·T

＊ノートのマスを使って行うと準備がいりません。代表の子にだけ問題を見せ、正確に伝える練習、正確に聞き取る練習を同時に行います。

＊はじめは、3×3の9マス、○△□、赤青黄くらいの条件が取り組みやすいです。「書く記号は3つですよ」など、数を予告するとよいでしょう。

＊慣れてきたら、マスの数を増やす、記号の種類を増やす、書く記号の数を増やすなどして難易度を上げていきましょう。

＊ペアやグループなどで取り組むと、伝える役の子が増えます。

## アイディア 10

話の内容を注意深く聞く力をつける
# 絵本トーク

（初級）

[場面] 学年・学期始め ｜ 読み聞かせの後

> 読み聞かせのあとにお話の内容を振り返る活動を通して、注意深く話を聞く練習をします。繰り返し行えば、順序や話の展開に気をつけて話を聞くようになります。

❶ 絵本の読み聞かせを行います。
❷ 読み聞かせが終わったら、絵本の内容から3問クイズを出題します。

❸ 慣れてきたら、クイズを出す前に「先生はどんなクイズをつくったでしょう」と出題する立場で考えさせます。

## 👉 P·O·I·N·T

＊予告をせずに、絵本の内容からクイズを出題します。はじめは答えられない子も多いですが、繰り返していくと注意深く話を聞くようになります。

＊作品の設定（時・場所・人物・出来事）や順序、数などをクイズにするとよいでしょう。国語の教科書を範読したあとなどにも活用できます。

＊ペアやグループで相談させたり、挿絵のコピーなどを掲示したりすれば、考えやすくなり盛り上がります。

＊慣れてきたら、出題するクイズを予想させると、作品の設定や展開をより意識して聞けるようになります。

アイディア **11**

みんなの前で一言話すことに慣れる
# 一文トーク

[場面] 朝の時間 ｜ 給食の時間 ｜ 帰りの時間

> 日直の挨拶の前に一文加える活動を通して、人前で話す練習をします。一文にしてハードルを低くすることで、毎日楽しく続けられるようにします。

❶ 日直が行う挨拶の前に加える一文を教えます。
　例「今日も元気にスタートしよう。おはようございます」
❷ 教師が決めた一文を加えて毎日あいさつを続けます。

❸ 慣れてきたら、一文の部分を子どもたちにつくらせます。

## ☞P·O·I·N·T

＊日直の挨拶は、毎日あります。一文加えるだけでも1年間続ければ楽しくスピーチの練習をすることができます。

＊初めのうちは「今日も元気にスタートしよう。おはようございます」「明日も元気に会いましょう。さようなら」など、教師が一文を指定します。

＊慣れてくると、子どもの中には「一文を変えてもいいですか？」と聞いてくる子がいるので、どんどん工夫させるようにしましょう。

＊加える一文は、「みんながいい気持ちになる一文」「クラスが楽しくなるような一文」とするとユニークで楽しいあいさつになります。

**アイディア 12**

質問する力をつける
# 推理トーク

[場面] 朝の時間

> 黒板に裏返して貼られた写真を予想する活動を通して、質問する練習をします。友達の質問がヒントになるので、よく話を聞いている子が活躍できます。

❶ 人、動物、植物、食べ物などの写真を裏返して黒板に貼ります。
❷ 1人1つずつ質問していき、何の写真か予想します。

❸ 班で話し合い、答えを黒板に書きます。最後に写真をみんなに見せます。

## 👉 P·O·I·N·T

* 子どもたちは、クイズが大好きです。隠されたり、情報が不足したりすると答えが知りたくなります。
* 「1人1つだけしか質問できない」とすると、友達の質問も考えるヒントになるため、話をよく聞いて考えます。
* 班で相談をさせると、グループ学習の練習になります。時間がない場合はペアで予想を話させます。
* 慣れてきたら、班ごとに写真を選んで出題させても盛り上がります。

## アイディア 13

注意深く話を聞く力をつける
# 全員〜トーク

初級

[場面] 朝の時間

> 教師の指示通りに体を動かす活動を通して、注意深く話を聞く練習をします。指示に従うのは、指示の前に「全員〜」とついたときだけ、とすることでしっかり話を聞くようにはたらきかけます。

❶ ルール（「全員〜」とついたときだけ指示に従う）を説明します。
❷ 「全員〜」のあとに具体的な指示を行う行動を、10回程度繰り返します。

❸ 3回アウトになった子は座る。

## ☞ P·O·I·N·T

＊授業中、「全員起立〜」と指示をしても、立てない子や遅れてしまう子がいます。ゲームをしながら「全員〜」という言葉に慣れさせます。

＊「全員起立！」ではなく、「全員〜起立！」と間をあけることで、心構えをする時間をとりましょう。

＊ときおり「全員〜」をつけずに指示を出すと、つい指示に従ってしまう子が出て盛り上がります。アウトは3回まで、などルールを決めて遊びます。

＊慣れてきたら、指示を出す役を子どもにしたり、班ごとに活動させたりすることもできます。

## アイディア 14

### 正確に聞き取る力をつける
# メモトーク

[場面] 授業冒頭（算数）

> 友達が言う数字をノートにメモする活動を通して、正確に聞き取る練習をします。最後にクイズを出すことで、ペア学習の練習もセットで行います。

❶ 1人1つずつ好きな数字（1〜99）を選び言っていきます。同時に、全員の数字をノートにメモしていきます。

❷ 終わったら、正確にノートに書き写せたか、全員で答え合わせをします。

❸ 最後に出てきた数字からクイズを出し、ペアで答えを考えさせます。

### 👉 P·O·I·N·T

＊言われた数字をノートに書き写すというシンプルな活動ですが、集中して聞き取る練習になります。

＊最後に数に関するクイズをペアで考えれば、ペア学習の練習にもなり、盛り上がります。

＊慣れてきたら、「聞こえた数を四捨五入してメモする」「聞こえた1桁の数を3倍した数をメモする」など、難易度を上げていきましょう。

**アイディア 15**

記憶しながら考える力をつける
# 三択トーク

[場面] 授業冒頭 ｜ 授業終末

> 教師が言う３つの言葉を記憶して三択クイズに答える活動で、記憶しながら考える練習をします。クイズを最後に言うことで、短期記憶のトレーニングをします。

❶ 教師が３つの言葉（三択）をゆっくり言います。
❷ 言い終えたら、クイズを出します。

❸ 慣れてきたら、3つの言葉を言った後、どのようなクイズが出題されるかペアで予想させます。

### P·O·I·N·T

* 3つの言葉はゆっくり言うようにしましょう。クイズを出す前に少し間をあけることで、3つの言葉を記憶しておく時間をつくります。
* 漢字の学習や歴史上の人物、理科の実験器具の名前など、学習に関連させれば、授業中に楽しく学習内容の確認ができます。
* 慣れてきたら、3つの言葉を言った後、「どんなクイズを出すと思う？」と聞けば、ペアでそのあとの展開を予想して話し合うことができます。
* 子どもたちが3つの言葉と三択クイズをつくって、お互いに出題し合っても盛り上がります。

## アイディア 16

### 分かりやすく伝える力、想像しながら聞く力をつける
# お絵かきトーク　初級

[場面] 朝の会 ｜ 帰りの会

> 友達の説明を聞いて絵に表す活動を通して、わかりやすく伝えたり、想像しながら聞いたりする練習をします。説明する子は言葉を選んで話すようになり、絵に表す子は集中して話を聞くようになります。

❶ グループになり、代表の子にだけイラストを渡します。
❷ 代表の子は1分間でその絵を言葉で説明します。説明が終わったら30秒間の質問タイムをとります。

❸ 説明された内容をイラストで表し、代表者のイラストに一番近かった子の勝ちです。

## 👉 P·O·I·N·T

＊初めは説明がしやすいシンプルなイラスト(人の顔、動物、植物など)を使うようにしましょう。慣れてきたら、少しずつ複雑なイラストにしていきます。

＊説明タイムを1分間とすることで、説明する子は言葉を選んでわかりやすく伝える練習になります。言葉だけで説明するように伝えます。

＊慣れるまでは、質問タイムを30秒ほど設けましょう。聞き逃したところやよくわからないところを確認することができます。

＊最後に描いた絵とイラストと比べて、一番近かった子が勝ちとすると盛り上がります。

## アイディア 17

集中して聞く力をつける
# キーワードトーク

[場面] 朝学習 ｜ 授業 ｜ 帰りの会

キーワードで消しゴムを取る活動を通して、集中して話を聞く練習をします。似ている言葉を交ぜながら行うことで、より注意して聞くようになります。

❶ まず活動で使うキーワードを決めます。その後2人組になり、2人の机の真ん中に消しゴムを1つ置きます。子どもは両手を頭の上におきます。
❷ 教師がキーワード以外の言葉を言ったときは、頭の上で2回リズムよく手をたたきます。

❸ 言葉と手拍子をつづけ、教師がキーワードを言ったときに消しゴムを早く取ったら勝ちです。

### 👉 P·O·I·N·T

＊両手を頭の上に乗せて言葉を聞き、キーワード以外の時は頭の上で手をたたかせると、リズムよく楽しく行うことができ、盛り上がります。

＊キーワードを学習内容と関連させたものにすると、授業のまとめなどでも行えます。

＊キーワードに似た言葉（例「リンゴ」→「リング」）などを交ぜながら行うと難易度が上がり、より集中して聞くようになります。

＊慣れてきたら、単語ではなく、「文章の中にキーワードが出てきたとき消しゴムを取る」など、さらに難易度を上げて行います。

### アイディア 18

筆談でテンポ良く言葉のやりとりをする
# スマホトーク

初級

[場面] 朝学習 | 授業終末

> 声を出さずに筆談で会話をする活動を通して、相手の気持ちを考えながらテンポ良く言葉のやりとりをする練習をします。声や表情を使えない分、正確に自分の考えが伝わる言葉を選ぶようになります。

❶ 2人に1枚スマートフォンの画面が書かれたプリント(裏面にも印刷)を配ります。

❷ 話題を板書し、ペアで筆談します。

❸ 筆談が終わったら、「相手に誤解させてしまう表現はないか」「テンポはどうだったか」など、筆談の紙を見ながら振り返りをします。

### 👉 P·O·I·N·T

＊ペア学習を筆談で行うと子どもたちは熱中して取り組みます。スマートフォンの画面をプリントに書いておくと、さらに盛り上がります。

＊書き言葉は声や表情を使えない分、誤解をされてしまうことがあることを伝え、相手の気持ちを考えて書くことの大切さを伝えます。

＊プリントに会話が残っているので、ペアやグループでプリントを見ながら振り返りを行いましょう。

＊慣れてきたら、「テンポ良く、会話をつないでみよう」とレベルを上げましょう。

アイディア **19**

## 友達の発言を再話する力をつける
# 伝言トーク

[場面] 朝の時間

> 列ごとに一文を伝言して伝える活動を通して、友達の話をしっかり聞いて再話する練習をします。聞いた内容を正確に再話する力がつきます。

❶ 一番後ろの席の子にだけ教師が考えた一文（単語）を伝えます。
❷ 後ろの子から前の座席の子へと、順にその文を伝言していきます。正確に伝言できれば成功です。

❸ 一番前の子まで回ったら、一番前の子がその文を黒板に書いて、振り返りを行います。

### 👉 P･O･I･N･T

＊後ろの座席の子から前の座席の子へ伝言していきます。

＊初めは「チョコレート」などの単語や「昨日餃子を20個食べました」などの簡単な文がよいでしょう。

＊最後に全員で振り返りをします。正確に伝言できていると自然と拍手が起こります。「すごいねえ。しっかり聞いていたね」とほめましょう。

＊慣れてきたら複雑な文や早口言葉にしたり、「聞き返しなし」などのルールを加えたりすると、難易度が上がり盛り上がります。

## アイディア 20

### 譲り合って発言する力をつける
# たけのこトーク

[場面] 朝の時間 ｜ 授業冒頭

> 指名なしで1人ずつ立って（たけのこのように）発言する活動を通して、譲り合って発言する練習をします。目で合図をしながら譲り合うことで、コミュニケーションの幅が広がるようにします。

❶ 指名なしで、1人ずつ立って数を数えていきます。
❷ 同時に2人以上立ってしまった場合は、目で合図をして譲り合います。

❸ 慣れてきたら、数字ではなく、音読や自分の考えなどでも同じように行います。

## ☞P·O·I·N·T

＊話し合い活動がうまくいかない原因の１つに、譲り合って発言ができないということがあります。たけのこトークで楽しく譲り合う練習をしましょう。

＊はじめは譲り合えずに時間がかかりますが、だんだんできるようになります。タイムを記録しておいて、成長がわかるようにしましょう。

＊数を数えることが譲り合ってできるようになったら、音読の丸読みや、自分の考えを話す場面など、国語や社会、算数、理科の時間でも活用しましょう。

＊「友達と同じことを言ってはだめ」というルールを加えたり、「○○と言った人はだれ？」と確認したりすれば、難易度が上がります。

# アイディア 21

ペア学習の練習をする
# チェンジトーク

[場面] 隙間時間 ｜ 授業冒頭

> 教師が提示する3つの話題についてペアで話す活動を通して、ペア学習の練習をします。話しやすい話題で楽しく「おしゃべり」をすることで、授業中のペア学習の基礎ができます。

❶ 教師が板書する話題について、ペアで「おしゃべり」をすることを伝えます。
❷ 1つ目の話題が終わったら次の話題を板書し、教師の合図で2つ目の話題、3つ目の話題と話題をチェンジしていきます。

❸ 3つの話題が終わったら、ペアの友達がどんなことを話していたかみんなに教えてもらいます。

## 👉 P·O·I·N·T

＊話題は1つずつ板書し、時間を見て次の話題にチェンジしていきます。話しやすい話題で楽しくおしゃべりをするのがポイントです。

＊3つの話題でのトークが終わったら、話せたこと、聞けたことなどを確認し、ほめます。トーク中に質問をしたり、感想を言えていた子を紹介します。

＊「隣の友達の話したことをみんなに教えてくれる？」と言えば、自分しか知らない情報なので子どもは話したくなります。

＊慣れてきたら、少し考えるような話題や、本の読み聞かせの感想などの場面で取り入れ、授業中のペア学習につながるようにしていきます。

## アイディア 22

ラベリングの練習をする
# タイトルトーク

[場面] 朝の時間 ｜ 学期始め ｜ 授業冒頭

> 自分の話にタイトルを付けて話す活動を通して、ラベリングして話す練習をします。タイトルをつけてから話すことで、構成がまとまり、筋道立てて話しやすくなります。

❶ 短冊を配り、自分の話のタイトルだけを書かせます。
❷ 3〜4人のグループになり、短冊に書いたタイトルだけを見てどんな話か予想をしながら自由に話させます。

❸ 予想が終わったら、短冊を書いた子が一人ずつ話していきます。

## 👉 P·O·I·N·T

* テーマは「夏休みの思い出」や「好きな○○」などが話しやすいです。「友達が話を聞きたくなるようなタイトルをつけよう」と伝えます。
* 短冊が書けたら、タイトルからどんな話か予想をして自由に話す時間をとりましょう。予想をすることで、そのあとの友達の話をしっかり聞くようになります。
* 慣れてきたら、グループの代表者を１人決め、それぞれのタイトルだけを黒板に書いて「どのお話が聞きたい？」と選ばせると盛り上がります。楽しくラベリングのこつが学べ、物語文や作文などの指導にも応用できます。

## アイディア 23

ナンバリングの練習をする
# ナンバートーク

[場面] 朝の時間 ｜ 授業終末

> 伝えたいことを2～3個にまとめてから話す活動を通して、ナンバリングして話す練習をします。ナンバリングさせることで、要点をまとめてわかりやすく話せるようになります。

❶ 伝えたいことを2つ（3つ）にまとめさせます。覚えられなければノートに「①～」「②～」とメモしてもよいことを伝えます。
❷ 「理由は○つあります」「1つ目は…」「2つ目は…」という型を使ってスピーチをします。

❸ 最後に2つ（3つ）の内容をみんなで確認します。

## 👉 P·O·I·N·T

* 子どもはだらだらと長く話してしまいがちです。ナンバリングをさせることで、話す子は要点をまとめやすく、聞く子は見通しをもって集中して聞くことができます。
* 人（特に子ども）は、多くても3つくらいしか覚えていないことを伝えます。教師が良くない例（だらだらと話す、4つ以上でナンバリングするなど）を示し、3つにナンバリングするよさを実感させてもよいでしょう。
* 慣れてきたら、授業の終末や体験学習の感想などを「3つにまとめて話してごらん」と指示するだけで、すらすら話せるようになります。

アイディア **24**

友達の発言を再話する力をつける
# しりとりトーク

[場面] 朝の時間

> 全員のしりとりを振り返る活動を通して、友達の話をしっかり聞いて再話する練習をします。ペアやグループでしりとりを思い出すことで、ペア学習の練習にもなります。

❶ 全員でしりとりをします。
❷ 「3分以内で」など、時間制限をすると難易度が上がります。

❸ しりとりが終わったら、「最初から続けて言えるかな？」「ペアで言えるところまで言ってごらん」と振り返りをします。

## P･O･I･N･T

＊しりとりを行う際は、あとで再話することは予告せずに行うとよいでしょう。

＊振り返りを行います。「ペアで全部言ってごらん」と言わずに、「しりとり、○○さんから５人分言えるかな？」「どこまで覚えているかな？」と聞けば、子どもが挑戦したくなり、盛り上がります。

＊最後に全員で振り返りをします。全員分のしりとりが言えると自然と拍手が起こります。「すごいねえ。しっかり聞いていたね」とほめましょう。

## アイディア 25

相手のことを考えて助言しようとする態度を育てる
# アドバイストーク

〔場面〕朝の時間 ｜ 授業終末

依頼人の悩みに対してアドバイスをする活動を通して、相手のことを考えて助言しようとする態度を育てます。悩みが言えるクラス、友達の悩みを解決しようとするクラスにしていきます。

❶ 事前に職員室の先生達に悩みを聞いておき、子どもたちに「何かいい考えはない？」とアドバイスを求めます。

❷ ペアで依頼人へのアドバイスを考え、そのあと全体で話し合います。

❸ 依頼者を物語の登場人物や歴史上の人物に変えても、楽しく取り組むことができます。

### ☞ P·O·I·N·T

＊担任や職員室の〇〇先生からのお悩みとすると、子どもたちは楽しみながらいろいろとアドバイスを考えてくれます。

＊ペアやグループで相談させると様々なアイディアが出ます。子どもは柔軟な発想でユニークなアドバイスを考えるので、笑いが起きます。

＊依頼人を物語の登場人物や歴史上の人物、文房具や動物などにしても盛り上がります。

＊だれかの悩みを解決するためにみんなで真剣に話し合い、解決するというあたたかい態度を育てましょう。

**アイディア 26**

グループで時間内に答えを出す練習をする
# 何人？トーク

[場面] 朝の挨拶 ｜ 帰りの挨拶

> 班（4〜6人）で「○○の人数」について話し合う活動を通して、グループ学習の練習をします。友達の意見を尊重しながら、時間内に1つの答えを出せるようにします。

❶ 「○○の人数」（例「将来、都会より田舎に住みたい人数」）と板書します。
❷ 班で1分間話し合い、予想を代表の子が板書します。

❸ 最後は「何人」かを確認します。

## 👉 P·O·I·N·T

* 班で相談をする時間は、はじめは2分間程度がよいでしょう。慣れてきたら1分間でも十分話し合えます。
* 「今週○○した人」など身近な話題や、「将来○○したい人」など、様々な考えがありそうな話題を選びます。
* クラスだけではなく、学年や全校など、大勢の人に聞いても楽しめます。
* 慣れてきたら、「タイムスリップするなら縄文より弥生だ」「AよりもBの式の方がわかりやすい」など、授業の中で行うこともできます。

## アイディア 27

質問する力をつける
# 私は？トーク

[場面] 学期始め ｜ 朝の時間

自分が誰（何）かを予想する活動を通して、質問する練習をします。わからないときに友達に助けを求めるとよいことを、楽しく体験させます。

❶ 動物、文房具、食べ物など、物の名前が書かれたカードを1人に1枚ずつ配ります。
❷ 配られたカードは見ずに自分のおでこにあて、「はい」「いいえ」で答えられる質問をして、自分が誰（何）なのかを予想します。

❸ 自分がだれかわかったら、「私は○○です！」と先生に宣言しに行きます。

### P·O·I·N·T

＊友達にしていい質問は「はい」「いいえ」で答えられる質問に限定します。「1人に質問は1つ」とすると、たくさんの友達に質問できます。

＊カードの内容がわかったら、先生の所へ行って「私は○○です！」と宣言させます。正解した子の名前を黒板に書いて順位をつけると盛り上がります。

＊全体で歩き回らずに、班で丸くなって1人ずつ順番に質問していく方法もあります。

アイディア **28**

比較しながら話し合う力をつける
# ランキングトーク

[場面] 朝の時間 ｜ 授業冒頭

> 班でランキングの順位について話し合う活動を通して、比較しながら話し合う練習をします。時間内に全員が理由とセットで意見を言い、班の意見を1つにまとめるようにはたらきかけます。

❶「人気の○○ベスト5」（例「小学生の習い事ベスト5」）と題名を示したら、ベスト5の中身をランダムに板書します。
❷ まずは個人で順位の予想（理由も）します。そのあと、班で2分間話し合って班の考えを1つにまとめます。

❸ 班ごとに黒板に予想を書き、時間があれば代表の子がみんなに理由を説明します。最後に答えを発表します。

## 👉 P·O·I·N·T

＊個人で考えをまとめてから、班で相談をするようにします。順位を考えることで、自然と比較しながら理由を話すことができます。

＊ランキングは、小学生でも理由が考えやすい「給食」「遊び」「おかし」「おにぎり」「ほしいもの」などが盛り上がります。

＊「3位をあてる」「1位から3位を順番に並べる」「トップ5に入っていない ものをあてる」など、バリエーションをつけるとよいでしょう。

＊慣れてきたら、「人口が多い都道府県」「小学生に多いけが」など、授業の中でも比較して予想をするときに使うことができます。

**アイディア 29**

考えながら話を聞く力をつける
# 倍数トーク

〔場面〕朝の時間 ｜ 授業冒頭

中級

> 体を動かしながら数を数える活動を通して、考えながら話を聞く練習をします。「3の倍数で右手を挙げる」などの動きを指定することで、考えながら楽しく聞くことができるようにします。

❶ 教師がゆっくり数を数えます。
❷ 子どもは、3の倍数（3、6、9、12）になったら右手を挙げる。

❸ 慣れてきたら、「3の倍数で右手を挙げる」に加えて、「2の倍数で左手を挙げる」「5の倍数で立つ」などを加えます。

## 👉 P・O・I・N・T

＊はじめは1〜12くらいまでの数で、ゆっくり数えながら行います。

＊「12以上もやりたい」「もっと早く数えて」「もっと難しく」という子どもたちの意欲的な言葉が出てきたタイミングで、難易度を上げましょう。

＊「2の倍数で左手を挙げる」「3の倍数で右手を挙げる」「5の倍数で立つ」など、動きを複雑にすると盛り上がります。

＊九九が頭に入っていない子がいる場合には、黒板に板書しておいて、見ながらやってもよいことにします。

# アイディア 30

## 記憶しながら考える力をつける
## 「じゃない」トーク

〔場面〕朝の時間 ｜ 授業冒頭

教師が言う3つの言葉のうち「○○じゃないもの」を答える活動を通して、記憶しながら考える練習をします。予想しながら聞く、分類しながら楽しく聞けるようにします。

❶ 教師が3つの言葉をゆっくり言います。2つは果物、1つは動物など、1つ「○○じゃないもの」を入れます。

❷ 最後に「果物じゃないのは？」と問題を出します。

❸ ペアで話し合い、答えがわかったペアから座っていきます。

## 👉 P·O·I·N·T

* 3つの言葉はゆっくり言うようにしましょう。問題を出す前に少し間をあけると、子どもたちが自分で問題を予想して分類するようになります。
* はじめは、「果物、動物、果物」のように分類しやすい3つにすると正解しやすいです。言葉は、4音くらいまでが覚えやすいでしょう。
* 慣れてきたら、音数を増やしたり、分類を複雑にして難易度を上げましょう。例：「パイナップル、キリン、マスカット…」の後、間をあけて（キリンが果物じゃないと思わせておいて）「黄色じゃないのは？」など。
* 「山口、長崎、東京のうち、県じゃないのは？」など、学習内容と関連させると、授業の中で行うこともできます。

## アイディア 31

グループで意見をまとめる力をつける
# 以心伝心トーク

[場面] 朝の時間 ｜ 授業冒頭

> みんなと一致しそうな答えを予想しながら話し合う活動を通して、グループで意見をまとめる練習をします。友達の意見を尊重する態度も育つようにはたらきかけます。

❶ 「○○と言えば？」（例「みんなが楽しめる遊びは？」）というお題で、みんなと一致しそうな答えを予想させます。

❷ グループで1分間話し合い、グループの答えを1つに決めます。

❸「せえの！」の合図で、自分たちの考えた答えを大きな声で言います。

## 👉 P·O·I·N·T

＊みんなの考えを予想しながら話し合うことで、成功したときには大きな拍手が起こり、一体感が味わえます。

＊自分が当たり前だと思っていることが、みんなとは違うこともあるということを、楽しく実感できるようにしましょう。

＊グループで話し合うときは、友達の考えを尊重しながら話し合えるよう、「たしかにAでもB」などの話型も少しずつ指導していきます。

＊慣れてきたら、みんなと違う答えになりそうなものを予想させることで、オリジナルのアイディアを考えるおもしろさを味わわせることができます。

**アイディア 32**

5W1Hに気をつけて話を聞く力をつける
# 5W1Hトーク

〔場面〕朝の時間 ｜ 授業冒頭

> 教師の話を聞いてクイズに答える活動を通して、5W1H（いつ、どこで、だれが、なにを、なぜ、どのように）を意識しながら話を聞く練習をします。

❶ 教師が5W1Hのうち3つ以上を入れて話（3文程度）をします。
❷ 子どもは5W1Hに気をつけるように促した上で、話を聞くようにします。

86

❸ 5W1Hでクイズを出します。

## P·O·I·N·T

* 3文程度の文章をゆっくりと読みます。学級のよいところなどを紹介するときなどに、いっしょに行うこともできます。
* 学習内容に関連させれば、国語や社会などでも同様に行うことができます。また、子どもたちのスピーチや読み聞かせの後などにもおすすめです。
* 5W1Hに気をつけて聞けるようになると、話すときにも自然と意識できるようになってきます。
* 慣れてきたら、文章を長くしたり、複雑にしたりして難易度を上げましょう。

アイディア **33**

メモをとりながら話を聞く力をつける
# 数字トーク

[場面] 朝の時間 ｜ 授業冒頭

> 教師が言う5つの数字をメモする活動を通して、メモをとりながら話を聞く練習をします。最後にクイズをすることで、メモした内容を使って考えられるようにします。

❶ 教師が数字を5つゆっくり言い、子どもたちは聞こえた数字をノートにメモします。
❷ 最後に「一番大きな数は？」「全部合わせると？」「小さい順にお隣さんと言ってみよう」などクイズを出します。

❸ 慣れてきたら、数を2桁にしたり、数字やクイズを子どもたちにつくらせたりします。

## P·O·I·N·T

＊はじめは、1桁の数をゆっくり言うようにしましょう。「番号5つ→クイズ」を5セット行います。
＊「全部合わせると？」「3番目に言った数は？」「小さい順に」など、最後にクイズを出すことで、メモすることに意味をもたせるとよいでしょう。
＊クイズの答えをペアで確認させると、ペア学習の練習にもなります。
＊慣れてきたら、言う数字の数を増やしたり、スピードを速くして行います。全部数字を聞き終わってからメモをする、というルールにすると、難易度が上がります。

## アイディア 34

言葉に気をつけながら会話する力をつける
# 禁止トーク

〔場面〕朝の時間 ｜ 授業冒頭

> 禁止ワード（使ってはいけない言葉）を指定して話す活動を通して、言葉に気をつけながら話す練習をします。ゲームにすることで、話の展開を予想しながら楽しく会話ができるようにします。

❶ 禁止ワード（使ってはいけない言葉）を伝えます。
❷ 禁止ワードに気をつけながらグループで楽しく会話をします。

❸ 3分間の会話の中で禁止ワードを一番使わなかった人の勝ちとします。

## ☞ P·O·I·N·T

\* 禁止ワードを決めることで、言葉に気をつけながら集中して会話をするようになります。

\* 禁止ワードは「外来語」、「敬語」、「数字」などがよいでしょう。

\* 「一番使わなかった人の勝ち」とすることで、相手にその言葉を言わせようと、話の展開を予想した質問を考えるようになります。

\* 「動物禁止しりとり」「食べ物禁止しりとり」など、しりとりにしても盛り上がります。

## アイディア 35

記憶しながら聞く力をつける
# さかさトーク

中級

[場面] 朝の時間 | 授業冒頭

> 教師や友達が言った文字や数字を逆の順番で言う活動を通して、記憶しながら聞く練習をします。ペアで答えを確認することで、ペア学習にもつながるようにします。

❶ 教師が4音程度の言葉を1音ずつゆっくり言います。
❷ 子どもは、聞こえた言葉をさかさにして言い、ペアで確認をします。

❸ 慣れてきたら、1桁の数字を3つ言い、同じようにさかさにして言えるか確認します。

## 👉 P·O·I·N·T

＊はじめは、3〜4音程度の言葉がよいでしょう。数字よりも意味のある言葉の方が、聞こえた言葉を記憶しやすいので取り組みやすいです。

＊慣れてきたら、数字を使って同じように行います。数字の順番には意味がないので、より記憶する力を使います。

＊はじめは難しいですが、繰り返していくとだんだんできるようになっていきます。音数や数字を増やして難易度を上げていきましょう。

＊記憶しながら聞いたり考えたりすることは、話し合い活動ではとても大切なスキルです。ゲームにして楽しくトレーニングしていきましょう。

# アイディア 36

コミュニケーションをとる練習をする
## 並べ替えトーク

[場面] 学期始め ｜ 朝の時間 ｜ 授業冒頭

> 制限時間内に条件に合わせて並べ替える活動を通して、コミュニケーションをとる練習をします。制限時間を設けることで、並べ替えたときの一体感をみんなで味わえるようにします。

❶ 子どもたちは、背の順に整列します。
❷ 教師の出した条件に合わせて、制限時間内に並び直します。

❸ 慣れてきたら、「男子だけ話してよい」「3班だけ話してよい」などの条件を加えて行います。

## ☞ P·O·I·N·T

＊制限時間内に条件に合わせてみんなで協力して並べ替えます。体育の時間などに行うとよいでしょう。

＊条件を「誕生日順」「早く寝た順」「名前の画数順」などにすれば、お互いのことを知り合うきっかけにもなります。

＊制限時間を設けることで、達成できたときに自然と拍手が起こります。協力できたこと、しっかりコミュニケーションがとれていたことをほめましょう。

＊声を出せる人数を少なくしたり、制限時間を短くしたりすると、難易度が上がり盛り上がります。

**アイディア 37**

ペア学習の練習をする
# 背中・おでこトーク

[場面] 朝学習 ｜ ひらがな・漢字の学習

> 友達が背中やおでこに書いた文字を当てる活動を通して、ペア学習の練習をします。文字の学習もペアでやりとりをしながら行えば、楽しく覚えることができます。

❶ 黒板に覚えさせたい漢字を6〜8個書き、読み方と筆順を確認します。
❷ 2人組になり、1人が相手の背中に指で1つ漢字を書き、書かれた子はそれをあてます。交互に問題を出し合いましょう。

❸ 慣れてきたら、書く場所を背中ではなく、おでこにして同じように行います。

## P·O·I·N·T

＊文字を覚える学習も、毎回同じように繰り返すと、子どもたちが飽きてしまいます。たまに、ペアでクイズのようにして行うと楽しく覚えられます。

＊背中やおでこに書かれた文字を1回で正解するのは難しいため、「ごめん、もう1回書いて」など、自然とやりとりをしながら学習ができます。

＊2人組で筆順を使ってクイズを出し合うことで、仲も良くなり、筆順のチェックも楽しく行うことができます。

＊背中やおでこだけでなく、ひじ、手のひら、後頭部など、書く場所を変えると楽しく行うことができます。

## アイディア 38

「いつ、どこで、だれが、何をした」を意識できるようにする
# 設定トーク

[場面] 朝学習 ｜ 授業 ｜ 帰りの会

> グループで協力して1文をつくる活動を通して、話したり聞いたりするときにも「いつ、どこで、だれが、なにをした」を意識することができるようにします。

❶ 5人のグループをつくり、「いつ」「どこで」「だれが」「だれと」「なにをした」のカードを1枚ずつ配ります。
❷ 友達にカードを見せずにそれぞれ自分のカードを30秒で書きます（例「いつ」→「真夜中に」）。

❸ グループでそれぞれのカードをつなげたり、他のグループのカードと組み合わせて文をつくったりします。

## ☞ P･O･I･N･T

* 5人グループで行います。3人や4人グループの場合は2枚書く子を決めるとよいでしょう。
* 話すときや聞くときに「いつ」「どこで」「だれが」「なにをした」を自然と意識できるように、分担して楽しく文をつくります。
* 友達に見せないようにしてカードを書くことで、ユニークな文ができ、盛り上がります。
* 時間があれば、他のグループのカードと組み合わせて文をつくってもよいでしょう。

## アイディア 39

イメージしながら分かりやすく話す力をつける
# 写真トーク

[場面] 朝の時間 | 帰りの会など

> 写真からわかる情報を30秒で友達に説明する活動を通して、わかりやすく話す練習をします。伝えるべき内容を選んだり、省略すべき内容を考えたりすることができるようになります。

❶ 代表の子どもに写真（例：犬の写真）を見せます。
❷ その写真の情報を、30秒で言葉だけでみんなに伝えてもらいます。

❸ 最後に3つの写真(違う種類の犬の写真)を黒板に貼り、聞いていた子にどの写真についての説明だったかをあてさせます。

## ☞ P·O·I·N·T

\* 自分が説明した内容が相手にきちんと伝わっていないことは、大人でもよくあります。写真の説明をさせることで、映像をイメージしながらわかりやすく特徴を伝える練習をします。

\* 使う写真は、かわいい動物の写真やおいしそうな食べ物などを選ぶと、楽しく行うことができます。

\* 説明の後に3択クイズを出すことで、聞いている子もより集中して参加することができます。ペアで話し合うのもよいでしょう。

\* 振り返りでどの説明がわかりやすかったか、どんな情報が不足していたかを出し合えば、話し方や話す観点についても共有できます。

## アイディア 40

正確に情報を伝える力、聞く力をつける
# マークトーク

[場面] 朝の時間 ｜ 帰りの会など

> 友達が話すマークを記録し、別の友達に言葉で説明する活動を通して、注意して聞く力、正確に情報を伝える力を育てます。伝言ゲームにすることで楽しく取り組めるようにします。

❶ 列の1番後ろの子にマークが書かれた紙を渡します。
❷ 1番後ろの子は前の席の子にそのマークを小さい声で説明し、説明された子はそのマークを記録します。同様に、前の席の子に伝言していきます。

❸ 一番前の席の子はそのマークを黒板に書き、最後に答え合わせをします。

### 👉 P·O·I·N·T

＊マークは算数で習った図形や、みんなが知っている図形にするとよいでしょう。伝言ゲームにして行うと、正確に伝えようと必死になります。

＊言葉で伝える時間は1人30秒とします。聞いている人は説明する人に質問をしたり、メモを見せたりすることはできないことにします。

＊慣れてきたら、マークを複雑にすると難易度が上がり、楽しく行うことができます。

＊伝言ゲームで行う時間がない場合は、代表の子に黒板の前で説明させてみんなにメモさせるという活動にしてもよいでしょう。

## アイディア 41

グループ学習の練習をする
# 漢字トーク

[場面] 漢字の学習

> グループで1枚のプリントに漢字を書き加える活動を通して、グループ学習の練習をします。漢字の学習もグループでやりとりをしながら行えば、楽しく覚えることができます。

❶ 1枚の白紙のプリントを配り、上部に1〜20までの数字を順に書かせます。数字の下に十分なスペースをつくっておきましょう。
❷ グループで数字の下に1画〜20画の漢字を1つ以上書いていきます。早くすべての画数の漢字を見つけたグループの勝ちです。

❸ 「さんずいのつく漢字」「シンとよむ漢字」「漢字でしりとり」など別の課題でも同じように行いましょう。

### P·O·I·N·T

＊文字を覚える学習も、毎回同じように繰り返すと子どもたちが飽きてしまいます。たまにグループ対抗戦にして行うと、楽しく覚えられます。

＊早く探せたグループの勝ちとすることで、役割を分担したり、助け合ったりします。協力できている姿をほめましょう。

＊時間があれば、最後に全員で確認をすると、たくさんの既習の漢字を復習することができます。

＊部首や読み方など課題を変えて行えば、飽きずに楽しく学習することができます。

# アイディア 42

## 話題について自分の考えを話す
# すごろくトーク

[場面] 朝の時間　授業終末

> すごろくをしながら話題について自分のことを話す活動を通して、その場で考えをまとめる練習をします。すごろくにすることで、ゲーム感覚で楽しく取り組めるようにします。

❶ すごろくプリント（20個程度の話題を書いておく）とサイコロ1つを各班に配ります。
❷ 順番にサイコロをふって出た目の数だけ進み、そのマスに書かれた話題についての自分のことを話します。

❸ 慣れてきたら、マスの話題を隠して行う（マスにとまったときに見る）と難易度が上がります。

## 👉 P·O·I·N·T

＊すごろくにすることで、ゲーム感覚で楽しく取り組むことができます。はじめのうちは、話題を１週間くらい前に予告しておくようにしましょう。

＊サイコロを振った子が話せない場合は、サイコロの振り直しを認めたり、他の子がお助けをしたりするなど、工夫させます。

＊メンバーを変えたり、人数を増やしたりすれば、同じ話題を何度も使うことができます。授業参観などで保護者の方には入ってもらうのもおすすめです。

＊慣れてきたら、マス目に書く話題を自分たちで考えさせたり、話題を予告せずに行ったりすることもできます。

## アイディア 43

質問する力をつける
# ヒロートーク

[場面] 朝の時間 ｜ 帰りの会

> ヒーロー役の子にインタビューする活動を通して、質問する力、聞かれたことに答える力を育てます。ヒーローインタビューのように行うことで、活躍した子をみんなで賞賛することができます。

❶ ヒーロー（何かで活躍した子）を決めます。その子に質問したいことを班でできるだけたくさん考えます。
❷ レポーター役を班から1名ずつ出し、ヒーローの子に2分間で質問をしていきます。

❸ 慣れてきたら、ヒーローの人数を複数にして行うこともできます。

### ☞ P·O·I·N·T

＊スポーツ選手のヒーローインタビューのように、レポーター役の子にマイク（マジックなど）を持たせると、子どもたちは楽しんで取り組みます。

＊ヒーローインタビューの動画を見せたり、初めは教師がリポーター役を行ったりすれば、子どもたちもイメージしやすくなります。

＊インタビューが終わったら、みんなで拍手をして終わります。友達のよさを認め合える居心地の良いクラスにすることが大切です。

アイディア **44**

プレゼンする力をつける
# おすすめトーク

[場面] 朝の時間

> 班のおすすめのものをみんなに紹介する活動を通して、プレゼンする練習をします。グループで取り組んだり、振り返りをしたりすることで、発表の仕方を学び合えるようにします。

❶ グループでおすすめするものを決め、3分間のプレゼンを作ります。1週間程度準備期間をとります。
❷ 1日1グループずつ、3分間でおすすめのものをプレゼンします。全員が話すことにします。

❸ 最後に、プレゼンのよかったところを他の班から出させたり、教師が紹介したりして共有します。

写真を隠してクイズにしていたところがよかった

トマト料理を具体的に紹介していたから食べたくなったよ

## 👉 P·O·I·N·T

＊授業の中で調べたことを発表させることがありますが、なかなかうまくいきません。まず、好きなものや身近なもので楽しく練習しましょう。

＊はじめは、イメージをもたせるために教師がプレゼンをやってみせてもよいでしょう。クイズを入れるなど、参加型にするのがコツです。

＊グループでプレゼンをつくらせたり、最後に振り返りをしたりすることで、発表のよさを少しずつクラスの共有財産にしていきます。

＊慣れてきたら、「おすすめの本」などテーマを決めたり、グループ対抗などにすると盛り上がります。

アイディア **45**

## 正確に聞き取る力をつける
# シャッフルトーク

[場面] 朝の時間 ｜ 授業終末

教師が言う文字をノートに書き取る活動を通して、正確に聞き取る練習をします。ペアで協力して聞き取った文字をシャッフルして意味のある言葉にすることで、ペア学習にもつなげます。

❶ 教師が10文字程度の言葉をシャッフルして、1文字ずつゆっくり読みます。
❷ 子どもたちは言われたとおりにノートに書き写していきます。

❸ 最後に、ペアでシャッフルしてもとの言葉をつくります。

## 👉 P·O·I·N·T

* ある言葉をシャッフルして1文字ずつゆっくり言います。言い終わったら、正確にノートに書き写せたかをみんなで確認しましょう。
* 言われたとおりにノートに書き写すというシンプルな活動ですが、集中して聞き取る練習になります。
* 最後にシャッフルして言葉にする活動をペアで行えば、ペア学習の練習にもなり、盛り上がります。
* 学習と関連させれば、授業の中でも楽しく学習内容の確認ができます。

### アイディア 46

聞きやすい速さで話す力をつける
# アナウンサートーク 上級

[場面] 朝の時間 ｜ 授業冒頭

> 読む文字数、時間を指定して音読する活動を通して、聞きやすい速さで話す練習をします。NHKのアナウンサーの話す速さ（1分間300字程度　600音程度）を体で覚えられるようにします。

❶ 教科書から、20秒をかけて読む文章（100字程度　200音程度）を指定します。
❷ タイマーを20秒にセットして、ペアで音読の練習をします。
　数名に黒板の前でやってもらいます。

❸ 慣れてきたら、1分間300字程度（600音程度）で同じように練習します。

## 👉 P·O·I·N·T

* NHKのアナウンサーは1分間で300字（600音）程度の速さで話すことを伝えます。実際にニュースの映像を見せるとイメージがわきます。
* 実際にスピーチをすると、早口になってしまう子が多くいます。音読の練習に時間を設定することで、聞きやすい速さを体で覚えさせましょう。
* はじめは、1分300字程度だと難しいので、20秒100字程度で練習をしてから、少しずつ時間と文字数を増やしていきましょう。
* 学年によって文字数を減らしたり、漢字に振り仮名を付けたりするなどの配慮も大切です。

アイディア **47**

注意深く聞く力をつける
# 作り話トーク

上級

[場面] 学期始め ｜ 朝の時間 ｜ 授業終末

> 作り話をしている人をあてる活動を通して、注意深く聞く練習をします。表情や話し方、エピソードなどに着目させ、どのように話せば聞く人に伝わるかを考えさせます。

❶ 3人が1人1分以内であるテーマについて話します（3人の中に1人、教師が考えた作り話を話す子を入れます）。
❷ 誰が作り話をしているか考えながら、注意深く聞きます。3人が話し終わったら、質問タイムを1分間設けます。

116

❸ どの子が作り話をしていたかをグループで話し合い、発表した上で、最後に答え合わせをします。

### 👉 P·O·I·N·T

＊1日に3人ずつ行います。3人に1枚ずつ教師の作り話を書いた紙を渡しておき、作り話をする子を事前に決めさせておきます。
＊作り話は「夏休みにお祭りに行って、くじ引きで1等があたった」など、簡単なものにしておき、残りは本当にあった話のように作らせます。
＊作り話をしている子をあてるゲームにすることで、聞く子は集中して話を聞き、話す子は具体的なエピソードを話すようになります。
＊話す人の表情や話し方、エピソードが具体的かどうかに着目しながら聞くように促しましょう。

# アイディア 48

話し方のテクニックを使えるようにする
## テクニックトーク

[場面] 学期始め ｜ 朝の時間 ｜ 帰りの会

> 指定された話し方のテクニックを使って話す活動を通して、これまで学習してきた話し方のテクニックを意図的につかって練習します。聞いている子には話し方のテクニックをあてさせます。

❶ 1人1つずつ、話し方のテクニックを使ってスピーチをすることを伝え、自分の使うテクニックをくじで決めます。4人が1人1分以内で、そのテクニックを使って話をします。
❷ 話し方のテクニックに着目しながら、注意深く聞きます。

❸ だれがどんな話し方のテクニックを使っていたかをグループで話し合い、発表します。最後に答え合わせをしましょう。

## 👉 P·O·I·N·T

＊1日に1グループずつ行います。事前にくじで自分が使う話し方のテクニックを決め、話を考えさせておきます。くじにすることで、ゲームのような感覚で話し方のテクニックを楽しく使うことができます。

＊話し方のテクニックは、その話し方が出てきたタイミングで少しずつクラスの共有財産にしていきます。テクニックトークはその確認や定着の意味で行います。テクニックありき、にならないようにしましょう。

＊振り返りでは、そのテクニックを使って話すとどんなよさがあるかをクラスで確認しましょう。

## アイディア 49

質問する力をつける
# 記者トーク

[場面] 学期始め ｜ 朝の時間

> 友達にインタビューした内容を他の人に紹介する活動を通して、質問する力を育てます。新聞記者のように、時・場所・人物・出来事やその時の気持ちを正確に質問できるようにはたらきかけます。

❶ ペアになり、記者役と芸能人役を決めます。
❷ １分間で記者役の子が芸能人役の子に質問をします。
　 １分経ったら役割を変えて同じことを行います。

❸ 記者役の子が、芸能人役の子にインタビューしてわかったことを、みんなに発表して伝えます。

## 👉P·O·I·N·T

＊記者という役割を決めてインタビューを行うことで、詳しく、正確に質問をしようとします。

＊インタビューの前に、質問のコツ「いつ、どこで、だれが（だれと）、何をしたのか」、「どうして」「どのように感じたか」などを板書します。

＊インタビューが終わったら、相手の子のことをみんなに紹介させます。自分しか知らない情報なので、子どもは教えたくなります。

＊全員に発表させたい場合は、グループをつくって発表させると時間短縮になります。

# アイディア 50

## その場で自分の考えをまとめながら話す
## カードトーク

[場面] 朝の時間 ｜ 授業終末

> カードに書かれた話題について話す活動を通して、その場で自分の考えをまとめて話す練習をします。カードにすることで、即座に自分の考えをまとめる力がつきます。

❶ 1人1枚ずつカードにみんなに意見を聞いてみたい話題を書きます。書けたら机を班にして、カードを裏返して並べます。
❷ 1人がカードを引き、その話題についての自分の考えを話した後、司会になって他の子にも意見を聞きます。終わったら次の子がカードを引きます。

❸ 慣れてきたら、国語の物語文の感想交流をしたり、教師が準備した話題で話したりするなどアレンジします。

## 👉 P·O·I·N·T

＊裏返したカードをめくることで、ドキドキ感があり、盛り上がります。カードゲームのような感覚で楽しく取り組むことができます。

＊書く話題は子どもたちに考えさせます。カードを引いた子が話せなくて困っていたら、そのカードを書いた本人がその場をつなぐように伝えましょう。

＊慣れてきたら、教師が準備した話題（考えさせたいこと）にして、難易度をあげてみましょう。

＊その場で自分の考えをまとめて話す練習や司会の練習、また、話し合いをみんなでつなぐ練習にもなります。

# アイディア 51

## 話題について自分の考えを話す
# サイコロトーク

[場面] 朝の時間 ｜ 授業中盤

> サイコロに書かれた話題について自分の考えを話す活動を通して、その場で自分の考えをまとめて話す練習をします。サイコロにすることで、即座に自分の考えをまとめる力がつきます。

❶ 黒板に1～6までの数字と6つの話題を書きます。各班にサイコロを1つ配ります。
❷ 1人がサイコロをふり、その話題についての自分の考えを話します。終わったら次の子がサイコロをふります。

❸ 慣れてきたら、メンバーを変えたり、人数を増やしたりして難易度を上げます。

### 👉 P·O·I·N·T

＊サイコロにすることで、ゲーム感覚で楽しく取り組むことができます。はじめのうちは、話題を1週間くらい前に予告しておくようにしましょう。

＊サイコロを振った子が話せない場合は、サイコロのふり直しを認めたり、他の子がお助けをしたりするなど、工夫させます。

＊メンバーを変えたり、人数を増やしたりすれば、同じ話題を何度も使うことができます。授業参観などで保護者の方に入ってもらうのもおすすめです。

＊慣れてきたら、話題を予告せずに行ったり、授業の終末のまとめなどで行ったりすることもできます。

## 上手に援助を求める力をつける
# お願いトーク

[場面] 朝の会 ｜ 帰りの会

> 相手にお願いをする場面の台詞について話し合う活動を通して、上手に援助を求める練習をします。ペアやグループで話し合うことで、援助要求スキルを全員で共有できるようにしていきます。

❶ 相手にお願いをする（援助を求める）シーンの写真を黒板に掲示し、状況を説明します。
❷ どのようにお願いをすればよいか、２分間グループで話し合い、短冊に台詞を書きます。

❸ グループの代表者が黒板の前で台詞を発表し、どの言い方がいいか多数決を取り、チャンピオンを決めます。

### 👉 P·O·I·N·T

* 援助を求める場面の写真（イラスト）を掲示します。日常生活でもよく起こりそうな場面を選ぶようにします。
* 援助要求スキルは、学校生活だけでなく、大人になってからもとても役に立ちます。少しずつ楽しく練習できるようにしましょう。
* ペアやグループで相談させたり、グループごとに発表したりすることで、言い方や表情などを全員で共有できます。
* チャンピオンを選ぶときの多数決では、「お願いされた人」の立場で考えさせるようにしましょう。

## アイディア 53

### 上手に謝罪する力をつける
# ごめんねトーク

[場面] 朝の会 ｜ 帰りの会

> 相手に謝罪をする場面の台詞について話し合う活動を通して、申し訳ない気持ちを上手に伝える練習をします。ペアやグループで話し合うことで、謝り方を全員で共有できるようにしていきます。

❶ ①相手に謝罪をするシーンの写真を黒板に掲示し、状況を説明します。
❷ どのように謝罪をすればよいか、2分間グループで話し合い、短冊に台詞を書きます。

❸ グループの代表者が黒板の前で台詞を発表し、どの言い方がいいか多数決を
とり、チャンピオンを決めます。

## POINT

＊謝罪をする場面の写真（イラスト）は、当番を忘れた、宿題を忘れた、けんかしたなど、日常生活でもよく起こりそうな場面を選ぶようにします。

＊慣れてきたら、設定を少しずつ複雑にしていきましょう。

＊ペアやグループで相談させたり、グループごとに発表したりすることで、言い方や表情などを全員で共有できるようにします。

＊チャンピオンを選ぶときの多数決では、「謝罪された人」の立場で考えさせるようにしましょう。

**アイディア 54**

上手にお礼を言う力をつける
# サンキュートーク

[場面] 朝の会 ｜ 帰りの会

相手にお礼を伝える場面の台詞について話し合う活動を通して、感謝の気持ちを上手に伝える練習をします。ペアやグループで話し合うことで、お礼の言い方を全員で共有できるようにしていきます。

❶ 相手にお礼を言うシーンの写真を黒板に掲示し、状況を説明します。
❷ どのようにお礼を伝えればよいか、2分間グループで話し合い、短冊に台詞を書きます。

❸ グループの代表者が黒板の前で台詞を発表し、どの言い方がいいか多数決をとり、チャンピオンを決めます。

### 👉 P･O･I･N･T

＊お礼を伝える場面の写真（イラスト）は、学校や家庭での日常生活で、よく起こりそうな場面を選ぶようにします。

＊感謝の気持ちを伝えるスキルは、学校生活だけでなく、大人になってからも役立ちます。少しずつ楽しく練習できるようにしましょう。

＊ペアやグループで相談させたり、グループごとに発表したりすることで、言い方や表情などを全員で共有できるようにします。

＊チャンピオンを選ぶときの多数決では、「お礼を言われた人」の立場で考えさせるようにしましょう。

# アイディア 55

書きながらわかりやすく説明する力をつける
## チョークトーク

[場面] 朝の会 ｜ 帰りの会

カードに書かれたお題について説明する活動を通して、書きながら分かりやすく説明する力をつけます。制限時間を設けることで、図やイラストを用いて分かりやすく説明できるようになります。

❶ 説明する内容が書かれたカードを代表の子にだけ見せます。
❷ 代表の子は説明する内容について２分間で説明します。

❸ 質問タイムを1分間とり、最後に説明のよかった点などを振り返ります。

## 👉 P·O·I·N·T

＊代表の子に説明させる内容について、はじめのうちは教師が指定します。スポーツのルールや自宅の間取り、お店の場所など、図や絵でかくとわかりやすい内容にしましょう。説明する子はよく知っていて、多くの子は知らない内容のものを選ぶとよいでしょう。

＊質問タイムをとり、聞き逃した点やよくわからない点を確認できるようにします。

＊書きながら説明することに慣れると、授業でも黒板を使って上手に説明できるようになります。

**アイディア 56**

考えながら聞く力をつける
# あべこべトーク

[場面] 体育の時間など

> 教師の指示とは違う動作をする活動を通して、集中して話を聞く練習をします。教師の指示を頭の中で変換して体を動かすことで、「考えながら聞く」練習になります。

❶ まずは、教師の指示通りに体を動かします（スタート…走る　ストップ…止まる　ジャンプ…跳ぶ）。

❷ 教師の指示とは違う動作で同様に体を動かします（スタート…止まる　ストップ…走る　ジャンプ…手をたたく）。

❸ 慣れてきたら指示を増やしたり、複雑にしたりして難易度を上げましょう。

## 👉 P･O･I･N･T

＊体育の時間のはじめなどに、体育館で行います。走り回るので、マイクを使うと指示が聞こえやすいでしょう。

＊はじめは指示通りに体を動かすことに十分慣れさせておきます。そうすることで、指示とは別の動作をすることが難しくなり、盛り上がります。

＊つい指示通りの動き（「スタート」で走ってしまうなど）をしてしまうので笑いも起こり、楽しみながら集中して取り組めます。

＊慣れてきたら、指示を複雑にして行う（「スタート」で跳ぶ、「ストップ」で走る、「ジャンプ」で止まるなど）と、より考えながら聞く練習になります。

# アイディア 57

## 考えながら聞く力をつける
# ドレミトーク

[場面] 朝の時間 ｜ 音楽の時間 ｜ 帰りの会など

> 弾かれた鍵盤の音をあてる活動を通して、集中して話を聞く練習をします。短い時間でクイズ感覚で行うことで、考えながら聞く練習を楽しく行えるようにします。

❶ ドレミの3つの音を繰り返し弾き、覚えさせます。
❷ ドレミの中の1つの音を弾き、何の音か当てるクイズを行います。

❸ 慣れてきたら他の3つの音にしたり、ドレミファソラシドの音でクイズをしたりするなどして、難易度を上げていきます。

### 👉 P・O・I・N・T

＊はじめは「ドレミ」の3つの音くらいのクイズが、難易度が低くてよいでしょう。繰り返し「ドレミ」を聞いて耳で覚えさせます。

＊クイズを出すときは3回弾き、1回目は自分で考える、2回目はペアで話し合う、3回目は確認で聞くとすると、ペアでの話し合いも自然にできます。

＊3回聞き終わったら、「ド」はグー、「レ」はチョキ、「ミ」はパーで手を挙げさせ、答えを言います。

＊慣れてきたら、音を変えたり、増やしたり、3つランダムに弾いたりするなどすると難易度が上がり、より集中して聞くようになります。

## アイディア 58

イメージしたことを分かりやすく話す力をつける
# イメージトーク

[場面] 朝の時間 ｜ 帰りの会

> お題（写真または文字）の内容を友達に説明する活動を通して、分かりやすく伝える練習をします。イメージしたことを、写真を見ながら話しているようにいきいきと伝えられるようになります。

❶ ①代表の２人の子にをそれぞれ写真と文字が片面にはってある画用紙を渡します。（例：ウサギの写真と「かわいい猫」という文字）
❷ 画用紙を見ながら、その情報を30秒でみんなに伝えてもらいます。文字の子だけの子も、写真を見ているかのようにイメージして話します。

❸ 最後に、写真を見ながら話していたのはどちらか、聞いている子にあてさせ、2人の話し方のよさについて振り返る。

### P・O・I・N・T

＊自分が説明した内容が相手にきちんと伝わっていないことは、大人でもよくあります。写真を見ながら話しているかのように、特徴を分かりやすく伝える練習をします。

＊ゲーム化（1人は本当に写真を見ながら話す、もう1人は写真を見ているかのようにイメージして話す、聞いている人に判定してもらう）することで、伝え方を工夫して、楽しく取り組むことができます。

＊振り返りでどの説明がより映像をイメージできたか、どんな情報が不足していたかを出し合えば、話し方や話す観点についても共有できます。

**アイディア 59**

## 上手に反論する力をつける
# yes but トーク

[場面] 朝の会 ｜ 帰りの会

> yes but 法（「たしかに A、しかし B」）」を用いて会話する活動を通して、反論を述べる練習をします。相手の意見を受け止めてから自分の意見を述べることを意識できるようになります。

❶ 意見が対立するような話題 ( 例「食べ物の中で一番おいしいのは○○だ」) を示し、1分間で自分の考えをまとめさせます。

❷ ペアで2分間「たしかに A、しかし B」の型で交互に意見を述べていきます。

❸ 慣れてきたら、人数を増やしてグループで同様に話し合いましょう。

## P·O·I·N·T

＊話題は、意見が対立するもので、なおかつ楽しく話し合えるものを選ぶようにしましょう。

＊反論をするときには、つい自分の意見を押しつけたり、相手の意見をすぐに否定したりしてしまいがちです。相手の意見を受け止める大切さを実感できるようにしましょう。

＊上手な反論の仕方を練習するのが目的なので、話し合いの中でよかった点はみんなに紹介し、クラスのよさにしていきます。

## アイディア 60

上手に反論する力をつける
# yes and トーク

[場面] 朝の会 ｜ 帰りの会

> yes and 法（「たしかに A、だから B」）」を用いて会話する活動を通して、反論を述べる練習をします。相手の意見を受け止めてから自分の意見を述べるということを意識できるようになります。

❶ 意見が対立するような話題 ( 例「中学校に制服は必要か？」) を示し、1 分間で自分の考えをまとめさせます。

❷ ペアで 2 分間「たしかに A、だから B」の型で交互に意見を述べていきます。

❸ 慣れてきたら、人数を増やしてグループで同様に話し合いましょう。

## P·O·I·N·T

＊話題は、意見が対立するもので、なおかつ楽しく話し合えるものを選ぶようにしましょう。

＊反論をするときには、つい自分の意見を押しつけたり、相手の意見をすぐに否定したりしまいがちです。相手の意見を受け止める大切さを実感できるようにしましょう。

＊上手な反論の仕方を練習するのが目的なので、話し合いの中でよかった点はみんなに紹介し、クラスのよさにしていきます。

# あとがき

「1回の稽古は一枚の紙のようなものだと思いなさい。稽古の成果は1回1回ではわからない。でもこつこつ積み重ねてごらん。いつの間にか分厚くなっているから」

これは、私が6歳からずっと通っていた道場で、剣道の先生から教わった言葉です。

きっと、トークトレーニングも同じなのだろうと思います。1回1回のトークトレーニングは1枚の紙。でも、知らない間に、「話す力」「聞く力」「話し合う力」は分厚い板のようになり、全員参加の授業を支える土台となっています。

これからも紙1枚のトレーニングを、こつこつ楽しく続けていきたいと思います。

これまで子どもたちとトークトレーニングを続けてきて、実感することが3つあります。

1つ目は、トークトレーニングで、**話す力、聞く力、話し合う力が楽しく、確実に身に付く**ということです。子どもたちは、本来、授業で発表したいのです。でも、自信がなかったり、やり方が分からなかったりするだけなのです。四月は発表が苦手だった子どもたちがだんだん人前で話せるようになってくる。「先生今日もトークやろうよ」「新しいトーク考えたよ！」と笑顔で話しかけてくる。3月には自信に満ちた表情の子どもたちが自分たちだけで話し合えるようになっている。教師としてこんなに嬉しいことはありま

せん。

　2つ目は、トークトレーニングで、**子どもたちの学習意欲が高まる**ということです。授業で、教師ばかりが話していたり、一部の子しか話していなかったりすると、なかなか能動的な学習にはなりません。自分たちで課題を見付ける。自分たちで考える。自分たちで話し合って決める。そのような学習を積み重ねることで、子どもたちは前のめりで学ぶようになり、目の色が変わります。話す力、聞く力、話し合う力が付くと、話し合い活動の場面だけではなく、何に対しても前向きに意欲的に取り組む姿が見られるようになりました。

　3つ目は、トークトレーニングで、クラスに**あたたかい人間関係ができる**ということです。自分が話せば、友達が目と耳と心で話を聴いてくれる。何でも話せる仲間がいる。「学習環境」には、刺激量の調整や場の構造化など様々なものがありますが、一番の学習環境は、「人間関係」ではないかと思います。トークトレーニングは、話す力、聞く力、話し合う力を身に付けながら、安心できるあたたかい人間関係もつくることができると感じています。

　また、本実践でまだまだ追究したい課題もあります。これからも、目の前の子どもたちの笑顔のために、全員が楽しく「わかる・できる」話し合い活動をつくっていきたいと思います。

　ささやかな本実践をまとめるにあたっては、これまで多くの方々にご指導・ご支援をいただきました。
　この場を借りて、師である日本授業UD学会理事長の桂聖先生に、心からお礼を申し上げます。教育実習に始まり、今でも実践者としての姿勢を間近で見せていただける機会があることは、この上なく幸運なことです。桂先生

に教わった「フリートーク」が、私のトークトレーニングの原点です。

　また、日本授業UD学会常任理事の石塚謙二先生、廣瀬由美子先生、小貫悟先生、川上康則先生、榎本辰紀先生、井上幸子さん。全国の日本授業UD学会の先生方。皆様の日ごろからのご指導にも厚くお礼申し上げます。

　そして、前任校の小平市立小平第二小学校、現在勤務している立川市立第六小学校子どもたち、先生方、保護者の皆様。皆様から本当に多くのことを学ばせていただきました。

　また、出版の機会をいただきました東洋館出版社の大竹裕章さんには、いつもあたたかい言葉で励ましていただき、おかげさまで、なんとか本書をまとめることができました。心から感謝申し上げます。

　そして、何よりもクラスの子どもたちに感謝しています。60のトークトレーニングが生まれたのは、私が大好きなクラスの子どもたちのお陰です。

　全ての方々に感謝したいと思います。ありがとうございました。

溝越　勇太

参考文献

赤坂真二『先生のためのアドラー心理学　勇気づけの学級づくり』ほんの森出版　2010

桂聖『フリートークで読みを深める文学の授業』学事出版　2003

桂聖『クイズトーク・フリートークで育つ話し合う力』学事出版　2006

桂聖『国語授業のユニバーサルデザイン』東洋館出版社　2011

桂聖・石塚謙二・廣瀬由美子他（編）『授業のユニバーサルデザイン』（Vol.1〜10）東洋館出版社　2010〜2017年

菊池省三『菊池省三の話し合い指導術』小学館　2012

小貫悟・桂聖『授業のユニバーサルデザイン入門』東洋館出版社　2014

小貫悟（編著）『クラスで行う「ユニバーサル・アクティビティ」』東洋館出版社　2015

齋藤孝『人を10分ひきつける話す力』だいわ文庫　2008

田村学・黒上晴夫『考えるってこういうことか！「思考ツール」の授業』小学館　2013

奈須正裕『やる気はどこから来るのか　意欲の心理学理論』北大路書房　2002

平岩幹男（監修）『発達障害の子どもを伸ばす　魔法の言葉かけ』講談社　2013

藤井千春『問題解決学習のストラテジー』明治図書出版　1996

宮口幸治『コグトレ　みる・きく・想像するための認知機能強化トレーニング』三輪書店　2015

森川正樹『学習密度が濃くなる"スキマ時間"活用レシピ50例』明治図書出版　2010

溝越　勇太〔Mizogoshi Yuta〕

　東京都立川市立第六小学校　主任教諭。1983年、長崎県生まれ。東京学芸大学卒業後、東京都小平市立小平第二小学校を経て現職。
　日本授業UD学会常任理事、全国国語授業研究会理事、日本生活科・総合的学習教育学会会員、アウトプット勉強会代表、日本授業UD学会メールマガジン『Happy Friday News』編集委員長。授業実践が朝日新聞「花まる先生」ほか、NHK、読売新聞、東京新聞、日本教育新聞などで取り上げられる。東京都内外で「国語科」「学級経営」「授業UD」などの教員研修、校内研修の講師を務める。

1日5分
小学校　全員が話したくなる！聞きたくなる！
# トークトレーニング 60

2018（平成30）年4月20日　初版第1刷発行
2023（令和5）年3月16日　初版第12刷発行

著　者 ──── 溝越　勇太
発行者 ──── 錦織圭之介
発行所 ──── 株式会社東洋館出版社
　　　　　　〒101-0054　東京都千代田区神田錦町2丁目9番地1号
　　　　　　　　　　　コンフォール安田ビル2階
　　　　　（代　表）電話 03-6778-4343　FAX03-5281-8091
　　　　　（営業部）電話 03-6778-7278　FAX03-5281-8092
　　　　　振替　00180-7-96823
　　　　　URL　https://www.toyokan.co.jp

印刷・製本 ──── 藤原印刷株式会社
装丁 ──── 中濱健治

ISBN978-4-491-03525-3
Printed in Japan

JCOPY　＜(社)出版者著作権管理機構　委託出版物＞
本書の無断複写は著作権法上での例外を除き禁じられています。
複写される場合は，そのつど事前に，(社)出版者著作権管理機構（電話：03-5244-5088，
FAX：03-5244-5089, e-mail: info@jcopy.or.jp）の許諾を得てください。